KB203737

성도 여러분, 안녕들하십니까

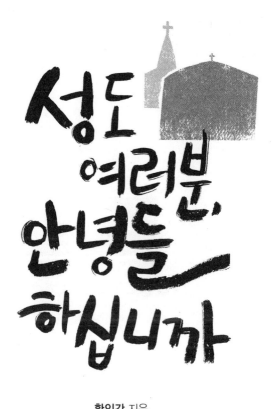

성도 여러분, 안녕들 하십니까

황인각 지음

홍성사

차례

감사의 글 ···

교회의 현실이 너무도 답답해서 글이라도 써봐야겠다고 자판을 두드린 지 벌써 7년이 넘었습니다. 잠을 삼켜 가며 글을 쓰다가도 '이런 것을 쓴다고 무슨 소용이 있을까? 나 말고 또 누가 읽겠는가?' 라는 생각에 그만두고 싶을 때가 한두 번이 아니었습니다. 그때마다 격려와 힘을 주셨던 분들이 있습니다.

맑은 웃음을 지닌 대전의 김석주 목사님이 생각납니다. 오래전부터 제 손에서 나온 길고 짧은 글 모두를 끈기 있게 읽어 주시고, 글 쓰는 방법과 다듬을 부분을 세심히 짚어 주시면서 계속 글을 쓰라고 격려해 주셨기에 이 책이 나올 수 있었습니다. 교회에 관한 고민을 나눌 수 있었던 몇 안 되는 친구, 한수와 해은 님에게 고마움을 전합니다. 아내는 여러 밤을 저와 함께 신앙 토론을 하면서 동행해 주었습니다. 처음 썼던 글을 대폭 수정해서 다시 보여 주었을 때 그녀가 한 말이 기억납니다. "음, 이건 책으로 내도 되겠는데." 복음에 대한 깊은 성찰을 나눠 주시고, 책의 주제를 잡는 데 중요한 조언을 해주신 윤완철 선생님께 감사드립니다. '한국교회개혁포럼'을 통해 만난 벗들이 보여 준 따스한 공감과 다양한 시각들이 글을 끝까지 마무리하는 데 큰 도움이 되었습니다. 감사합니다. 열악한 상황 속에서도 하나님 말씀의 영광을 선포하셨던 흔치 않은 목회자와 교사 그리고 작가들에게 감사를 드립니다. 그분들로 인해 여기까지 올 수 있었습니다.

논쟁의 소지가 있는 풋내기의 글을 흔쾌히 출판해 주신 홍성사에 감사합니다. 그 외의 많은 분들께는 따로 감사를 드려야 할 것 같습니다.

황인각

　한국 교회가 위기에 처해 있다는 말은 더 이상 놀라운 이야기
가 아니다. 언론은 오래전부터 그렇게 말해 왔고, 교회 내에서도 '이
대로는 안 된다'는 자성의 목소리가 흘러나오고 있다. 그러나 교회
가 내놓는 대처 방안들을 보면 그리 희망이 없어 보인다. 겉으로 드
러난 증상만을 가라앉히려는 땜질식 대응이 주류를 이루고, 문제의
핵심을 치유하기 위해 우리의 내면을 들여다보려는 노력은 잘 보이
지 않기 때문이다. 현재 사회 전반의 분위기도 마찬가지지만, 그 가
운데 교회는 더욱 안녕치 못하다.
　어떤 이들은 이 위기가 외부적인 요인에서 왔다고 본다. 사회 분
위기나 세상 문화의 변화에 교회가 적절히 대처하지 못한 결과라고
평가하는 것이다. 또 교회 조직이나 지도자들의 비리에 대해서는 일
부 소수의 비도덕성이 문제라고 판단하며 대부분의 교회는 건전하
고 올바르다고 믿는다.
　그러나 평신도인 내가 보기엔 그렇지 않다. 오늘날 교회를 위태

롭게 하는 문제들은 대부분 오래전부터 존재해 왔던 문제들이다. 이 시대에 새롭게 나타난 것들이 아니라, 전 세계 기독교 역사에서 반복되어 왔던 문제들이다. 성경을 보면 예수 시대에도 이미 퍼져 있었던 문제들임을 알 수 있다. 그러므로 우리는 오늘날 교회의 위기를 보다 본질적이고 내적인 측면에서 이해할 필요가 있다.

교회는 마이너스 성장을 염려한다. 그래서 효과적인 전도 방법을 찾는다. 그러나 마이너스 성장보다 위험한 것은 믿음이 깊다는 사람들조차 교회의 유익을 실감하지 못한다는 점이다. 그들은 교회 생활이 영적인 성장에 도움을 주지 못하며, 교회 안에서 믿음의 대상인 예수 그리스도를 볼 수 없다고 말하고 있다. 이것은 마이너스 성장보다 훨씬 심각한 문제이다. 교회 밖의 사람들을 어떻게 데려올까 고민하는 것보다 더 시급한 것은 이미 교회 안에 들어와 하나님을 찾는 이들에게 교회가 올바른 길을 제시하는 것이다.

또 교회는 이단의 활동을 경계한다. 이단 때문에 교회를 떠난 사람들을 걱정하고, 이단이 퍼뜨리는 가르침에 성도들이 영향을 받을까 조바심을 낸다. 하지만 그에 못지않은 위기가 있다. 소위 정통 교회에 남아 있는 이들이 교회에서 배우는 바가 매우 빈약하다는 점이다. 성도들이 이단과 참 기독교를 구별해 내지 못하고 유혹에 빠지는 현실은 그만큼 교회에서 기독교의 실체를 배우지 못했고 경험하지 못했다는 반증이다. 이단으로 간 이들이 '기존 교회에서는 듣지 못했던 참 진리를 배우게 되었다'고 말하는 이유도 이와 무관하지 않다. 교회는 성도들에게 무엇을 가르치고 보여 왔는지 면밀히 살펴야 한다.

또 교회는 무례하고 이기적인 집단이라는 비난을 듣고 있다. 이 비난 앞에서 종종 교회는 '앞으로는 좀더 친절히 행동해서 그들의 심기를 건드리지 말자'라고 다짐하곤 한다. 그러나 그것으로는 충분하지 않다. 교회가 반복해서 세상 사람들을 무시하고 비인격적으로 대하는 원인이 무엇인지 살피는 것이 먼저이다. 즉 '교회 밖에 있는 세상 사람들을 하나님은 어떤 눈으로 바라보시는가?'라는 질문에 답을 해야 한다. 교회가 자기 자신과 세상을 어떤 존재로 인식하느냐에 따라 그들을 대하는 태도가 결정되기 때문이다. 교회가 믿는 것과 알고 있는 것은 건드리지 않은 채 사람들을 대하는 태도만 바꾸려고 하는 것은 위선이다. 우리에겐 세상과 세상 사람들을 바라보는 새로운 시각이 필요하다.

교회 내의 이권 다툼이나 지도자들의 추행과 비리가 언론을 통해 계속해서 오르내리고 있다. 교계에서는 '일부 소수의 타락한 모습'이라고 언급하며 그런 사람들은 회개하고 자성하라고 촉구한다. 내가 갖는 의문은 이것이다. 교회 지도자들이라면 깊이 성경을 연구하고 오랜 시간 기도하며 더 많은 영적 훈련을 쌓았을 텐데 그런 신앙 활동이 그들을 유혹과 타락에서 지켜 주지 못했다는 말인가? 거룩케 하는 성령의 능력이 있다는 기독교 내부에 왜 바깥세상 못지않은, 때로는 더 심한 문제와 비리가 생겨나는가? 이러고도 우리가 믿는 기독교가 진리라고 주장할 수 있을까?

요지는 이렇다. 표면으로 드러난 실수와 오류를 분석하고 개선하려 들기보다는, 그런 문제들을 만들어 내는 내부의 병을 들여다보자는 것이다. 교회 내부에서 이루어지는 신앙고백과 예배, 교육,

봉사, 전도의 현장을 살펴보아야 한다. 교회가 무엇을 믿고 무엇을 추구하고 있으며 어떤 힘을 의지해 살아가는지 살펴보아야 한다. 그럴 때에 비로소 문제의 근원을 이해하고 치유할 실마리를 얻을 수 있다.

나는 교회의 내적 위기와 관련하여, 한 명의 평신도로서 교회 생활을 통해 보고 느끼고 고민했던 바를 나누고자 한다. 사실 '평신도'는 그리스도인들을 성직자와 비성직자로 구분하는 비성경적인 용어이다. 그러나 대체할 마땅한 용어가 없어 교회의 전임사역자가 아닌 성도들을 가리키는 말로 사용했다. 그리고 교회란 원래 '성도들의 모임'을 지칭하지만, 본문에서는 교회의 목회자나 조직에 의해 이루어지는 '교회 지도력'이라는 의미로 자주 사용했다.

나는 고등학생이었을 때 예수를 믿은 후, 오늘에 이르기까지 20여 년 동안 아홉 번이나 교회를 옮겼다. 이사 때문에 불가피하게 옮긴 것 외에도, 교회가 분쟁으로 둘로 분열되거나, 빚을 감당하지 못해 예배당이 경매로 넘어가 버리거나, 또 신앙적 충돌 때문인 적도 있었다. 이렇게 자의로 타의로 거쳐 가게 된 교단으로는 순복음, 성결, 장로교 등이 있었고, 스무 명 남짓한 개척 교회부터 대형 교회에 이르기까지 그 규모도 다양했다. 또한 캠퍼스 선교단체와 해외 선교단체에 참여하여 활동한 적도 있다. 여러 교회를 거쳐 온 이력이 자랑일 수는 없지만, 그래도 한국교회의 전반적인 모습을 보는 기회가 되었던 것 같다.

나는 이들 교회 대부분에서 공통적으로 발견되는 양상을 이 책에서 다루고자 했다. 즉 우리 주변의 보통 교회를 염두에 두었다. 떠들썩한 문제를 일으키는 일부 교회뿐 아니라 평범한 우리 교회도 본질적인 문제들을 안고 있음을 주목하자는 것이 이 책의 목적이다. 교회의 문제를 다룰 때면 의례히 목회자를 위시한 교회 지도자들의 잘못이 언급되곤 한다. 그리고 목사가 바뀌어야 교회가 바뀐다는 결론으로 성급히 달려가 버린다. 교회가 이런 상황에 이른 책임이 목회자들에게 있다는 것은 부인하기 힘든 사실이며, 이 책에서도 그 부분을 가능한 구체적으로 짚고자 했다. 하지만 목회자만 바뀌면 모든 것이 바로잡히리라 기대하는 것도 지나치게 낙관적인 생각이다.

목회자 역시 우리와 같이 주일학교를 다니고, 우리와 함께 기도하고, 우리 옆에서 성경공부를 했던 사람이 아닌가. 나의 어릴 적 친구들 가운데도 목사가 되어 목회를 하고 있는 이들이 꽤 있다. 그들은 하늘에서 떨어진 사람이 아니라, 우리 가운데서 나온 사람들이다. 그러므로 그들 안에서 발견되는 약점과 오류들은 우리 안에 잠재되어 있는 것이라고 보아야 타당하다. 그들이 실수했다면 우리도 실수할 가능성이 크다. 그들이 잘못된 야망을 갖고 있다면 우리 마음 안에도 있을 것이다. 다만 평신도들의 권력과 영향력이 교회에서 크지 않아 실수나 야망이 쉽게 드러나지 않을 뿐이다.

그러므로 결국 우리 모두의 문제다. 나는 교회 지도자뿐 아니라 우리 각자가 결단을 내리고 각각 몫에 맞는 반응을 하라고 하나님의 말씀이 요구하고 있다고 믿는다. 이 미흡한 글이 이 시대를 살아가는, 특히 나 같은 평신도들로 하여금 어떻게 생각하고 행동해야 할지 고민하는 계기가 되기를 바란다. 한 지체로서의 책임과 애정을

회복하여 교회를 새롭게 하는 작은 씨앗이 되는 데 도움이 되었으
면 좋겠다.

들어가며

1.
운동
좀
합시다

사람들이 교회를 찾는 이유는 하나님을 만나고 하나님의 가르침을 얻기 위해서이다. 그러나 오늘날의 많은 교회가 성도들에게 하나님의 말씀을 전해 주지 않고 자기 이야기만 늘어놓아, 영적인 질문과 갈급함을 갖고 온 이들을 당황하게 만들고 있다.

위기의 헬스장

며칠째 속이 쓰리고 기운을 차릴 수 없었던 김 군은 참다못해 병원을 찾았다. 의사는 상황이 심각하니 당장 술과 간식을 줄이고 운동을 시작하라고 경고했다. 야단맞은 듯 병원을 나온 김 군은 마땅히 할 줄 아는 운동이 없었기에 남들을 따라 일단 가까운 헬스장을 찾아갔다.

'당신의 건강관리와 체력증진을 확실히 책임집니다.'

선명한 글씨로 새겨진 간판을 지나 안으로 들어간 그는 바로 그날 등록을 했다. 다음 날 운동복을 입고 헬스장을 찾았을 때 그는 코치 한 명과 연결이 되었다. 코치는 그에게 간단한 신상을 물었고, 건강관리법과 헬스장 이용법들을 알려 주었다. 코치의 말과 함께, 탄탄한 몸과 강인한 체력을 갖게 될 몇 달 후의 자신의 모습을 그려 보니 내심 기대가 되었다. 시름시름 여기저기 아픈 일은 더 이상 없으리라!

그는 코치의 말을 따라 충실하게 운동을 했고, 효과는 점점 나타나고 있었다. 매일 운동하는 시간이 즐거웠고 기다려졌다. 어느 날이었다. 아령을 들고 좌우로 휙휙 휘두르는 김 군 옆으로 코치가 다가왔다. 자신이 운동하는 모습을 보러 온 것이라고 생각한 김 군은 긴장한 채 더욱 세차게 팔을 휘둘렀지만 아무래도 착각이었던 모양이다. 김 군은 아랑곳하지 않고 한동안 바닥만 내려다보던 코치가 이윽고 고개를 들고 입을 여는데, 어떤 헬스장 이야기였다. 그곳이 예전에는 형편없었는데 최근에 확장을 하고 헬스 기계들을 전부 신식으로 교체하면서 대박이 났다는 것이다. 이쪽 헬스장을 다니던 친구들 몇 명도 그쪽으로 가버렸다고 했다. 코치는 상심이 큰 듯 깊은 한숨을 쉬었다.

'헬스장끼리도 경쟁이 심하구나.'

김 군은 그렇게 생각하며 곧 잊어버리려 했다.

하지만 그날 이후로도 코치는 자꾸 헬스장 이야기를 꺼냈다. 이 헬스장이 처음에는 코치들에게 정액 급여를 주었는데, 요새는 수강생 숫자대로 월급을 주는 바람에 코치들이 수강생 모집하러 다녀야 할 판이라고 했다. 그러고는 주변 친구들 중에 헬스 시작할 만한 사람이 없냐고 물었다.

"뭐, 몇 명 있을지도 모르죠."

코치는 친구들의 마음을 움직이려면 이런저런 식으로 말을 건네는 것이 좋을 것이라고 귀띔해 주었다. 그 뒤로 코치는 김 군의 얼굴을 볼 때마다 친구들에게 이야기해 봤냐고 물었다. 물어보는 것을 까먹었다거나 친구들이 거절했다고 대답할 때마다 코치를 실망시키는 것 같아 미안했다. 헬스장에서 코치의 얼굴을 대하는 것이 점차 부담이 되기 시작했다. 그래서인지 혼자 운동을 하고 있을 때에도 집중이 잘 되지 않았고, 땀 흘리고 운동을 하고 나서도 예전처럼 상쾌함을 느끼지 못했다.

코치와 안 마주치고 운동을 마치면 좋겠다고 생각했지만 그런 행운은 잘 일어나지 않았다. 옆에 바짝 와서 자꾸 말을 거니 자신이 여기 운동을 하러 온 건지 코치를 도와주러 온 건지 알 수 없었다. 어느 날, 코치가 운동 중인 사람들 여럿을 사무실로 불렀다.

"이보게들, 잠시 차 한 잔 하고 하지!"

푹신한 소파에 앉아 시원한 에어컨 바람에 땀을 말리며 그의 사업 이야기를 듣게 되었다. 자신이 얼마 후면 새로 헬스장을 개업하려 하는데, 초기 자금을 어디서 끌어올 예정이며, 운동 기구는 어떻게 배치할 것이라는 것과, 우수 회원제에 대한 기가 막힌 아이디어가 있다는 등의 내용이었다.

"자네들도 혹시 재테크에 관심 있다면 내 헬스장에 투자해 보는 게 어떻겠나?"

달리 재테크 수단이 있냐고 물어보는 그의 시선이 김 군에겐 은근한 압박으로 다가왔다. 몇몇은 그런 이야기에 관심도 보이고, 때론 흥미롭다는 듯 깔깔대며 맞장구를 쳤지만, 김 군은 여간 불편하지 않았다. 헬스장 사업은 그에게 관심 밖의 이야기인 데다 그의 말을 듣고 앉아 있는 동안 운동에 쓸 시간은 자꾸 줄어들고 있었기 때문이다. 그가 소개해서 나오기 시작한 친구도 그 자리에 있었는데, 미안한 마음이 들어 얼굴이 화끈거렸다.

김 군은 도저히 안 되겠다 싶어 헬스장을 옮길 생각을 하게 되었다. 헬스에 일가견이 있는 친구에게 자신의 헬스장 분위기를 이야기했고, 잡념 없이 운동을 제대로 할 수 있는 곳 좀 알려 달라고 물었다. 그런데 그의 대답이 놀라웠다.

"누구나 다 그런 헬스장을 원하지. 그런데 어딜 가나 비슷해. 헬스장에 한번 소속되면 회원도 모아 줘야 되고, 어떤 방식으로든 헬스장 사업에도 관여하지 않을 수 없지. 뭐, 다양한 인생을 경험한다고 생각하면 맘 편하지 않을까?"

그 말에 김 군이 분통을 터뜨리자 친구가 달래듯 말했다.

"물론, 제대로 된 헬스장이 간혹 몇 군데 있다고는 들었어. 그런데 너희 집에서 가기엔 너무 먼 데다가 그런 헬스장은 이미 만원이야. 가더라도 비좁아서 운동이 잘 안 될 거야."

김 군은 할 수 없이 다음 날에도 같은 헬스장에 갔다. 코치가 또 불렀는데 이번엔 표정이 심각했다. 무슨 일이 생긴 게 틀림없었다.

"자네들, 최 군이랑 변 양이 어디 간 줄 아나?"

그러고 보니 두 사람이 오늘 보이지 않았다.

"저 사거리 건너 체육관에 간 게 분명해. 내가 분명히 말하는데, 거긴 헬스장으로 인가도 받지 못한 곳이야. 관장도 정식으로 체육을 전공한 사람도 아니고 말이야."

그는 괴로운 표정으로 계속 말을 이었다.

"최 군이 허리 디스크 있는 것 알지? 허리 디스크가 있는 사람은
절대 운동을 함부로 하면 안 돼. 디스크라는 것은 말이야……."

코치는 자리에서 벌떡 일어나더니 디스크의 원인이 무엇이고 어
떻게 해야 완화될 수 있는지 자기 몸을 만져 가며 열심히 설명했
다. 급기야는 책장 앞으로 가서 여러 가지 도표까지 꺼내 펼치더
니 디스크의 구조와 신경 배치도까지 짚어 가며 설명을 계속했
다. 늘 사업 이야기만 하던 코치에게 이런 박식함이 있는 것을
보고 김 군은 적잖이 놀랐다.

"코치님, 이런 이야기를 최 군에게 해주었습니까?"

김 군의 물음에 그가 머뭇거리며 대답했다.

"아니, 아직 못 해주었지. 나한테 이런 걸 좀 배워야 하는데 말이
야. 큰일이야, 저런 이상한 체육관에 가버렸으니."

김 군은 그의 침통한 얼굴을 보며 속으로 물었다.

'그렇게 중요한 것을 알고 있었다면 왜 지금까지 한마디도 안 하
고 딴 이야기만 늘어놓은 거죠?'

헬스장은 갈수록 사람들이 줄어들고 있었다. 소문을 들으니 다
른 헬스장도 비슷한 상황이라고 했다. 자신도 그만둘까 망설이
고 있는 김 군이 보기에는 당연한 현상이었다. 운동을 할 수 없
는 헬스장에 누가 가고 싶겠는가? 그런데 코치만은 여전히 이해
할 수 없다는 표정이었다.

"요새 사람들은 운동이 얼마나 귀중한지 모르고 있어. 머리만

키우면 다 되는 줄 알지. 저러다가 큰 병을 얻고 나서야 정신을 차리고 후회를 한다니까."

그러고는 김 군과 친구 쪽을 바라보며 자랑스레 말했다.

"이렇게 꾸준히 운동하는 자네들은 정말 복 받은 사람들이네. 자네들은 이 선택을 평생 자랑스러워하게 될 거야."

김 군은 코치의 말이 별로 와닿지 않았다. 그는 김 군의 건강에 별 관심을 두지 않았다. 요새 술과 간식을 잘 절제하고 있느냐고 물어보지도 않았다. 그에 대해 물을 때는 헬스장에 빠지고 난 다음 날뿐이었다. 또 매일 운동을 하는 김 군의 몸이 어떻게 변해 가는지 살펴보지도 않았다. 몸이야 어떻게 되든지, 그저 헬스장에 꾸준히 출석하기만 하면 그만이고, 단지 자신의 이야기를 들어주고 호응해 줄 상대로만 대하는 것 같았다. 김 군은 코치가 말과는 달리, 실은 운동이나 건강에 별 관심이 없다고 결론을 내릴 수밖에 없었다.

영적인 질문, 엉뚱한 대답

눈치챘겠지만 위의 이야기는 오늘날 교회의 상황을 빗댄 것이다.

몸의 이상을 발견한 사람들이 찾아가는 곳이 헬스장이라면, 자신에게 다가온 정신적·영적 위기를 느낀 이들은 교회를 찾는다. 지금까지 살아온 방식이 어딘가 잘못되어 있다는 자각과 함께, 보다 나은 삶을 살아야겠다는 결심 때문이다.

사람들 사정은 제각기 다르다. 단지 술이나 담배를 끊어 볼 요량으로 찾아오는 사람도 있다. 직장에서 받는 스트레스가 너무 커서 조금이나마 마음이 평안해지리라는 기대로 교회를 찾기도 한다. '난 누구지? 왜 여기에 있는 거지? 뭘 위해 살아야 하지?'라는 철학적 의문에 답을 찾기 위해 기독교에 관심을 갖는 경우도 있다.

그들은 자신이 어디에서 왔고, 어디로 가고 있는지, 인생의 의미가 무엇인지 알기 원한다. 또 세상 속에서 받은 상처들을 치유받고, 끝없는 경쟁으로 치닫는 현실 속에서 참된 인생을 사는 방법을 배우고자 한다. 그들은 새로운 삶을 사는 길을 교회에서 찾고 싶어 하는 것이다.

이런 마음으로 찾아온 성도들에게 교회는 어떤 말을 해주고 있을까? 교회는 무엇을 보여 주고, 무엇을 들려주는가? 교회는 성도들을 어디로 인도하고 있는가? 내가 경험한 바로는 대부분의 교회들이 이 질문에 제대로 된 답변을 주지 못하고 있다. 교회가 침묵하는 것은 아니다. 실은 교회는 자주, 그것도 아주 자신 있게 답변을 내어놓는데 그 대답은 우리의 고개를 갸웃거리게 만든다. 예를 들면 이렇다.

"하나님을 만나고 싶습니다. 어떻게 해야 할까요?"

"내일도 교회에 나오십시오."

"진정한 성공이란 어떤 것일까요?"

"하나님이 도와주시면 반드시 성공합니다."

또 있다.

"이제 저는 무엇을 위해 살아야 할까요?"

"함께 교회를 부흥시킵시다."

"하나님은 왜 저를 부르셨을까요?"

"다른 사람들을 불러오라고."

뭔가 이상하다. 교회는 진리를 추구하는 영적인 질문에 대해 영적이지 않은 대답을 하고, 엉뚱한 처방을 내린다. 사람들이 무엇을 갈구하고 있는지 모르고 있는 듯하다.

복음서에서 볼 수 있는 예수와 사람들과의 대화는 이렇지 않았다. 사람들이 일상적인 질문을 던질 때, 예수께서는 그 질문을 더 깊은 곳으로 이끄셨고 영적인 진리로 대답하셨다. 사람들이 사소한 것들로 고민하며 주변만 맴돌고 있을 때, 예수께서는 그들을 문제의 중심으로 데려가셨고, 영원한 진리와 직면하게 만드셨다. 그러나 교회는 진리를 찾는 사람들을 전혀 다른 데로 데려가 버린다. 교회는 예수의 방식과 정반대로 사람들을 대하고 있다.

운동 좀 합시다

잠시 헬스장 이야기로 돌아가 보자. 좋은 헬스장이라면 회원들이 편한 마음으로 그리고 충실하게 운동을 할 수 있도록 물리적·정신적 지원을 해줄 것이다. 무엇보다도 회원들의 건강에 관심을 가질 것이다. 각자의 몸 상태에 따라 어떤 운동이 효과적일지 안내를 해주고, 필요하다면 가끔씩 체지방 수치, 혈압, 골밀도 측정까지 해가면서 회원들의 몸 상태를 주시할 것이다.

그러나 앞에서 소개한 헬스장은 회원들의 건강에는 관심 없다. 회원들이 운동을 제대로 하고 있는지에는 신경을 쓰지 않고 코치

자신들도 운동을 하지 않는다. 그들은 단지 사업의 아이템으로, 또는 자신이 먹고살 전공으로서 체육을 선택했을 뿐이다. 운동 자체에는 관심이 없고, 꼭 필수적이라고 여기지도 않는다. 그들은 늘 '운동과 건강의 중요성'에 대해 말하지만 거기엔 진심이 담겨 있지 않다.

헬스장이 몸을 훈련해서 건강을 얻는 곳이라면, 교회는 영성과 인격을 훈련함으로써 진리를 얻는 곳이다. 코치가 회원들이 운동을 효과적으로 할 수 있도록 도와주듯, 교회에서는 영적 지도자들이 참된 진리를 발견할 수 있도록 성도들을 이끌어 준다. 이 역할을 제대로 수행하기 위해서는 지도자들 자신이 먼저 진리를 사랑하고, 끊임없이 진리를 배우며, 삶의 의미를 묻고 탐구하고, 거기서 깨달은 진리를 삶에 적용하는 훈련을 해야 한다.

그러나 오늘날의 교회는 진리를 배우고 영적인 훈련을 하기에 불편한 곳이 되어 버렸다. 지도자들의 말과 행동을 보더라도 자신들이 믿는다고 하는 기독교에 그리 관심이 있는 것 같지 않다.

대신 교회는 자꾸 다른 데에 마음이 쏠려 있다. 교회를 어떻게 부흥시킬까, 어떻게 행사를 성대하게 진행할까, 어떻게 해야 더 많은 사람들을 모을 수 있을까, 건축은 어떻게 할까, 돈은 어떻게 모을까, 선교사를 어떤 방식으로 후원할까 등을 고민한다. 이런 고민들을 해결하는 데 힘을 다 쏟느라고 더 본질적인 고민을 할 여유가 없어 보인다. 이런 현실적인 고민도 때때로 필요하겠지만, 이것들이 교회 활동의 본질이라고 할 수는 없다.

진리를 갖고 있다고 주장하면서도 정작 진리에 관심을 두지 않는 교회 안에서 성도들은 영적인 갈망을 채울 수 없다. 이런 교회는 성도들의 영적 발견과 성장을 도와주지 못할 뿐만 아니라, 심지어 방해하기도 한다. 성도들의 시선을 자꾸 하나님이 아닌 다른 것으로 돌려놓고, 기독교적 삶과 무관한 다른 일들에 자꾸 엮어 놓기 때문이다.

교회들은 바쁘고 어수선하다. 계속해서 새로운 일들을 만들어 내고 성도들을 불러 참여시킨다. 그러나 그 가운데는 하나님을 알아 가고 그분과 동행하는 법을 배우는 데 도움이 되지 않는 일들이 부지기수이다. 교회에 사람들만 가득하고 하나님을 볼 수 없다면, 교회가 하나님의 말씀을 가르치지 않고 교회 운영 기술만 가르친다면, 성도가 세상에 나가 합당한 삶을 살도록 도와주지 않고 단지 사람들을 예배당 안으로 불러오기만 한다면, 교회는 심각한 위기에 처해 있는 것이다.

헬스장에 왔는데도 운동을 할 수 없었던 김 군처럼, 그동안 속으로만 끙끙 앓고 꺼내지 못했던 말을 이제 교회를 향해 외치고 싶다.

"다른 것은 이제 그만! 운동 좀 합시다."

2.
비밀
첩보국의
미션

교회는 그리스도의 몸이라고 불린다. 그렇다면 예수 그리스도처럼 이 세상을 살아야 한다. 예수처럼 철저히 하나님께만 의존하고, 예수의 사역처럼 사람들에게 온전한 하나님을 보여 주어야 한다.

부름받은 사람들의 모임

검은색 선글라스를 끼고 짙은 검회색 바바리를 입은 범상치 않은 사람이 누군가를 미행하고 있다. 그가 쫓는 사람은 평범한 샐러리맨처럼 보이는데, 그가 바로 주인공이다. 주인공 옆까지 접근해 온 그 수상한 인물은 발밑에 뭔가를 떨어뜨린다. 쪽지다. 주인공이 그것을 주워 돌려주려고 하지만 수상한 인물은 이내 사라지고 없다. 쪽지를 열어 보니 시간과 장소가 적혀 있다. 그 시간에 거기로 오라는 뜻이리라.

두려움 반, 기대 반으로 그곳을 찾은 주인공은 이미 다섯 명의 낯선 사람들이 거기에 모여 있는 것을 발견한다. 그들도 왜 왔는지 모른다고 한다. 주인공과 마찬가지로 쪽지를 전달받았을 뿐.

잠시 후에 문이 열리고 그들을 부른 자가 정체를 드러낸다. 그는 자신이 비밀 첩보국 소속임을 밝히고, 각 사람들을 왜 선택했고 왜 한자리에 모았는지 설명하고, 그들에게 주어진 미션을 말해 준다. 당연히 생명을 걸어야 할 만큼 위험한 일이다. 하지만 성공에 따른 대가 역시 매우 크다. 그가 묻는다.

"해볼 텐가? 원하지 않으면 당장 떠나도 상관없네. 하지만 한번 하기로 결정했다면 끝까지 해내야 해."

이 이야기는 교회와 비슷한 면이 있다. 교회라는 단어의 의미는 '부르심을 입은 사람들의 모임'이다. 의미심장한 말이다. 뜻이 맞는 사람끼리 모이지 않았다는 것이다. 오로지 자신의 의지와 판단으로 교회에 온 것이 아니라는 의미이다. 우리는 누군가의 부름을 받았다. 그 계획에 우리가 포함되어 있었다. 우리는 보이지 않는 손의 치밀한 계획으로 이곳에 모인 것이다.

우리를 부르신 분은 첩보국 관계자가 아니라 자신이 온 세상의 주인이라고 주장하시는 하나님이다. 우리는 그 부르심을 무시하거나 거부할 수도 있었다. 하지만 흩어지지 않고 아직도 여기 모여 있다. 왜인가? 그의 부르심에 응답하기로 결정했기 때문이다. 즉 스스로를 교회라고 부르는 것은 우리를 부르신 목적을 받아들이고 그가 일러 주는 삶의 방식을 따르기로 결정했다는 의미이다. 이렇게 교회는 자신을 부르신 이에게 태생부터 스스로를 종속시키며, 그의 부르심에 자신의 존재와 삶을 건다.

우리를 부르신 이가 누구인가에 따라 교회는 극과 극의 결과를 경험할 것이다. 만일 하나님이 실제로는 존재하지 않는 우리들의 상상의 산물이거나, 종종 못된 지도자가 그렇듯 하나님의 계획이 단지 우리를 이용해 먹으려는 속임수였다면 어떻게 될까? 하나님의 부르심에 따라나선 우리는 가장 어리석은 사람이고 인생을 모조리 망치게 될 것이다. 하지만 만일 우리를 부르신 분이 참 하나님이며, 그의 계획이 선하고 위대한 것이라면 인생 최고의 기회가 될 것이다. 교회는 이 흥미진진하고도 위험한 모험에 자신을 기꺼이 던지려는 사람들의 모임이다.

이 모험에 참여한 사람들은 두 가지 일을 하게 된다. 하나는 임무를 확인하고 필요한 자료와 도구를 챙기는 일이고, 또 하나는 정해진 장소에 가서 임무를 실제로 수행하는 것이다. 교회 역시 먼저 하나님 앞에 나아가 자신이 어떤 존재인가를 발견하고 그로부터 생명과 능력을 얻으며, 세상에 나아가 맡은 사명을 감당한다. 본론에 들어가기에 앞서, 교회의 두 임무가 어떤 내용인지 좀더 구체적으로 살펴보자.

바울은 '부르심을 입은 자들의 모임'인 교회를 두고 '그리스도의 몸'이라는 표현을 썼다. 우리는 예수를 직접 볼 수 없다. 그의 가르침을 육성으로 들을 수도, 그가 행하는 기적을 볼 수도 없다. 그분이 이 땅에 계시지 않기 때문이다. 그러나 하나님께서는 예수를 통해 시작했던 그 일을 오늘날에도 계속하신다. 사람들을 불러들이고 하나님과 화해시키는 일이다. 어떻게 그것이 가능할까? 교회가 예수 그리스도의 몸으로 존재하기 때문이다.

교회는 예수 그리스도의 생명과 사역을 이어받은 사람들이다.

교회는 그의 생명 안에서 살면서, 그가 했던 일들을 오늘도 행한다. 우리가 진정한 교회라면 우리의 존재방식이 그리스도의 존재방식과 같고, 우리의 사역은 그리스도께서 행하신 일과 같아야 할 것이다. 그러므로 예수께서 어떻게 존재하셨고, 어떻게 사셨는지 아는 것은 교회에게 필수적인 것이다.

교회의 존재 방식

먼저 그리스도의 존재 방식은 두 가지로 요약할 수 있을 것이다. 첫째로, 그는 하나님 의존적인 삶을 사셨다. 그는 아버지 안에서 살았고, 늘 아버지의 뜻을 물었으며, 아버지의 뜻을 행하는 데 자신의 삶을 사용했다.

"나를 보내신 이는 참되시니 너희는 그를 알지 못하나 나는 아노니 이는 내가 그에게서 났고 그가 나를 보내셨음이라"요 7:29.

그는 아버지에게서 기원한다. 그리고 아버지의 보냄을 받아 이 땅에 왔다. 이렇게 그는 자신의 정체성을 분명히 밝혔다.

교회도 역시 존재의 뿌리를 하나님께 둔다. 예수께서 아버지로부터 나신 분이듯, 교회는 하나님의 부르심을 받아 이 땅에 생겨난 존재이다. 교회는 하나님의 부르심 안에서만 자신을 발견할 수 있다. 예수께서는 또 이렇게 말씀하셨다.

"내가 하늘에서 내려온 것은 내 뜻을 행하려 함이 아니요 나를 보내신 이의 뜻을 행하려 함이니라"요 6:38.

예수께는 자기 나름의 뜻과 의지가 있었던 것 같다. 하지만 자신

의 뜻대로 행동하지 않고 하나님의 뜻에 자신을 복종시켰다. 자신의
뜻을 내려놓고 하나님의 뜻을 행하는 것, 그것이 예수께서 살아가
는 방식이었다. 이러한 예수의 태도는 교회가 가져야 할 태도이다.

예수 그리스도처럼 교회도 자신을 부르신 이 안에서 존재하며,
자신을 부르신 이의 뜻에 자신의 뜻을 굴복시킨다. 하나님 없이는
한 순간도 존재할 수 없다고 고백하는 것이 참 교회이다. 그리고 참
교회는 우리가 하고 싶은 일이 아니라, 우리를 부르신 이의 뜻을 이
루기 위해 모인다.

그리스도의 몸인 교회가 머리인 예수께 붙어 있지 않은 채 독립
적으로 존재하려고 할 때 교회의 생명은 위태로워진다. 손과 발이
몸통으로부터 떨어져 나가려는 것과 같고 꽃이 줄기로부터 분리되
는 것과 같다.

하나님의 뜻과 무관하게 자신의 소원을 이루려고 하거나 하나님
과 거래하는 자리에 서려고 할 때 교회는 자신의 존재 목적을 상실
한다. 국가를 위기에서 구하기 위해 비밀스런 미션을 수행하겠다고
모인 팀원들이 테이블에 앉아서 돈 되는 새로운 사업이나 구상하는
모습과 같다.

교회는 매일 두 가지 길 중 하나만 선택할 수 있다. 하나님의 뜻
을 묻고 받아들이며 교회로 남아 있거나, 자신의 뜻을 이루기 위해
교회 됨을 포기하거나. '자신의 뜻을 추구하는 교회'란 애당초 존재
하지 않는 용어이다.

교회의 행동 방식

교회의 두 번째 사명을 확인하기 위해, 예수께서 행하신 사역의 특징을 살펴보자. 철저하게 하나님 의존적인 삶을 사셨던 그분은 어떤 일을 하셨는가? 대다수의 사람들은 그가 십자가에서 죽으셨고 부활하셨다는 사실을 지적할 것이다. 그리고 이 사실에 대한 우리의 반응은 우리의 죄 문제가 해결되었음을 믿는 것이라고 말하곤 한다. 죽음과 부활이야말로 그분이 행하신 일의 정점에 있다는 것은 분명하다.

그러나 그의 삶이 보여 주는 또 하나의 중요한, 그러면서도 종종 간과되는 측면이 있다. 그것은 예수께서 사람들에게 하나님이 어떤 분인지 보여 주셨다는 것이다. 예수의 설교, 병 고침과 기적, 제자들을 대하는 그의 방식은 하나님에 대한 오해와 왜곡된 신앙을 바로잡기 위한 것이었다. 예수께서는 그들이 하나님을 올바로 알고, 하나님의 뜻을 바르게 행하도록 이끄셨다.

이스라엘 백성들은 조상 때부터 하나님을 경험했고, 하나님의 말씀인 성경도 갖고 있었다. 그들 가운데는 뛰어난 성경학자도 있었고, 열심 있는 신앙인들도 많았다. 그들은 하나님에 관해선 전문가라고 자부하던 사람들이었다. 그런데도 예수께서는 그들이 하나님을 잘 알지 못하고 오해하고 있다고 말씀하셨다. 예수께서 말씀을 하실 때마다, 이적을 베푸실 때마다, 사람들과 어울려 먹고 마실 때마다 그들은 놀랐다. "하나님이 이런 분이란 말인가?"

예수께서 나병환자와 불구자들에게 다가가 고쳐 주셨을 때, 사람들은 하나님께서 더럽고 비참한 자신들에게도 관심을 갖고 있다는 사실에 놀랐다. 예수께서 이방인들과 죄인들에게 죄 사함을 선포했을 때 그들은 아무런 조건 없이 하나님의 자녀가 될 수 있다는 사실에 감격했다. 예수께서 영적 지도자였던 바리새인들의 불신앙을 꾸짖을 때 사람들은 '그렇다면 누가 천국에 갈 수 있단 말인가' 어리둥절했다. 십자가를 지고 자신을 죽음에 내어 주는 것을 보며 사람들은 하나님께서 그들과 화해하기를 얼마나 바랐는지 깨달으며 충격을 받았다.

교회 밖의 사람들은 물론이고 성도들도 하나님을 잘 알지 못한다. 죄를 지으면 반드시 벌을 내린다고 생각하는 사람도 있고 어떤 죄도 다 눈감아 준다고 자신하는 사람도 있다. 하나님은 너무 거룩하셔서 내 삶에 들어오지 못한다고 체념하는가 하면, 하나님이 자신을 사랑하시므로 실패가 없을 것이라고 장담하는 사람도 있다. 사람들은 하나님께 수많은 오해와 속박과 죄책감, 근거 없는 꿈과 자신감을 투영하며 산다.

세상 사람들은 하나님을 알기 위해 교회를 본다. 그리고 교회가 하는 말과 행동들을 통해 하나님에 대한 이미지를 형성한다. 교회가 성도들과 비기독교인을 대하는 태도, 사회의 약자들을 대하는 태도, 세상과 권력을 바라보는 관점, 고통과 재난에 보이는 반응을 통해 하나님을 이해한다. 그러므로 내부의 성도들과 바깥 세상이 교회를 통해 어떤 하나님을 만나고 있는지 알아야 한다.

하나님 안에서 존재하며 하나님의 뜻에 귀를 기울이는 것과 하나님이 어떤 분인지 보여 주는 것, 이 두 가지가 교회의 주된 삶을 이룬다. 첫 번째가 교회가 존재하는 방식이라면, 두 번째는 교회가 일하는 방식이다. 이 책의 본론 역시 두 가지 영역에 맞추어 구성하였다. '우리 안으로'에서는 먼저 교회가 어떠한 태도로 하나님을 추구하고 의지하고 있는가를 살필 것이며 이와 연관된 교회의 비전, 예배의 태도, 주일학교, 동기부여 방법, 복에 대한 태도 등을 언급할 것이다. '우리 바깥으로'에서는 현재 교회가 세상에 어떤 하나님을 보여 주고 있는지를 복음 전도 방법, 성도들의 삶과 세상에 대한 관심, 교회가 세상을 바라보는 시각을 점검하며 확인할 것이다. 이를 통해 교회가 보여 주는 하나님과 성경이 말하는 하나님 사이에 어떤 차이가 있는지가 드러날 것이다.

'나가며'에서는 평신도들이 이러한 상황에 어떻게 대처하고 하나님 나라를 위해 어떤 역할을 감당할지 이야기해 보겠다.

우리 안으로

3.
상반기 실적
120%
달성

오늘날 교회가 간절히 추구하는 것은 무엇인가? 수적인 성장과 부흥이 최고의 목표인가? 생존과 번영에 집착하는 교회는 자신의 목적을 이루는 데 바빠 정체성을 상실하고 하나님께서 주신 사명을 망각하게 된다.

"우리도 해봅시다"

여기는 예배당 안이다. 여느 교회에서 흔히 볼 수 있는 기다란 나무 의자 한편에 앉아 있다. 고개를 들어 주위를 살펴본다. 바로 눈에 띄는 것은 강대상 뒤편에 달려 있는 커다란 십자가이다. 십자가의 왼편과 오른편에는 현수막이 하나씩 걸려 있는데 하나는 옆으로 길게, 또 하나는 길게 아래로 드리워져 있다. 하나는 교회의 목표이고 다른 하나는 올해의 표어이다. 어쩌면 당신의 교회에도 비슷한 현수막이 있을 것이다.

목표나 표어는 그 교회가 최우선적으로 추구하는 것이며 가장 소중하게 생각하는 무엇이다. 그것을 이루는 데 재정을 투자하고 기도를 드릴 것이며 관심과 노력이 그곳에 집중될 것이 분명하다. 당신이 속해 있는 교회의 목표나 표어는 무엇인가?

여러 교회를 관찰한바 빈번히 등장하는 단어가 있는데 '전도', '부흥', '확장' 혹은 그와 유사한 것이었다. 전도나 부흥은 성경에서도 강조되므로 그것 자체가 이상하지는 않다. 그러나 주보의 앞뒷면을 살펴보고, 설교를 몇 차례 듣다 보면 그 단어들의 의미가 명확해진다. 대부분의 경우는 교인 수의 증가를 의미했다. 지금보다 더 성장하기 원하고 성도들로 가득 차기를 원하는 것이다.

그것이 문제인가? 그렇다. 문제가 될 수 있다. 많은 사람들이 교회를 찾아와 예수를 믿고, 성도 수가 늘어나는 것은 자연스럽고 바람직하다. 그것은 교회가 사역을 성공적으로 수행했을 때 얻는 결과 중 하나다. 그러나 수적 증가를 사역의 결과로 기대하는 것과 달리, 그것 자체를 목표로 제시하는 것은 매우 위험한 것이다.

직장 일과 관련해 지역 내 기업체들을 방문할 기회가 몇 번 있었다. 한 연구원으로부터 간단한 기업체 소개를 받고 공장과 사무실을 둘러보는데 굵은 고딕체로 쓰인 원색적인 팻말들이 곳곳에 붙어 있었다. "불량률 0%를 향해", "상반기 실적 120% 달성" 등.

조직이 비효율적으로 운영되고 생산율이 떨어지면 결국 경쟁력을 잃고 회사 문을 닫아야 하는 현실 앞에서 채택한 현실적인 목표였다. 매일 저런 팻말 앞에서 일하는 직원들은 어떤 느낌이 들까 생각해 보았다. 사장의 말없는 고함처럼 들릴 것 같기도 하고, 거대한 기계의 한 부품처럼 느껴질지도 모르겠다는 생각에 씁쓸해졌다.

'교인 수 증가'라는 목표를 볼 때도 그와 비슷한 느낌이 든다. 십자가 뒤에서 마치 이런 소리가 들려오는 듯하다. "내가 분명히 말해 두는데, 사람들을 더 데려와라." 이렇게 비인격적이고 천박한 메시지는 교회라는 공동체가 제시하는 목표로서 적절하지 않다.

현수막 외에도 설교나 여러 프로그램들이 무엇을 지향하고 있는지 살펴보라. 설교의 가장 주된 메시지는 무엇인가? 각종 모임들을 돌아보라. 이 모임들이 추구하는 궁극적인 목적이 무엇인가? 또 회의 안건을 살펴보라. 궁극적으로 무엇을 이루기 위함인가? 주보나 교회 홈페이지를 보라. 어디에 우리의 관심을 집중시키는가?

"어떻게든 불행한 이웃들을 도울 방법을 찾아봅시다", "부지런히 성경을 읽으며 하나님의 뜻을 분별합시다", "우리는 한 몸입니다. 자기 사는 데만 급급하지 말고, 여유를 갖고 다른 사람은 어떻게 살아가는지 돌아봅시다" 같은 것들인가? 물론 여러 이야기가 혼합되어 있겠지만, 가장 중심이 되는 메시지를 찾아보라. 내가 거쳐 온 교회와 방문한 상당수의 교회에서 이런 메시지가 흘러나오고 있었다.

"우리는 부흥해야 합니다. 천 명이 모이고, 만 명이 모이는 교회를 만들어 봅시다. 왜 못한다고 말합니까? 왜 그냥 이대로 주저앉으려고 하십니까? 믿음을 가지십시오. 하나님께서 도와주실 것입니다. 우리는 이 시대의 위대한 교회가 될 수 있습니다. 그것이 우리의 꿈이요 비전입니다."

늘상 이런 이야기만 했다는 것이 아니다. 해외선교도 있고 봉사 정신 이야기도 있고 찬양 예배도 있고 즐거운 교제도 있고 체육대회도 있다. 그러나 이 모든 활동을 통해 궁극적으로 얻고 싶어 하는 것이 교회의 부흥이라는 느낌을 부인하기 힘들다. 선교는 사람들이 자신의 일보다 먼저 교회의 일에 헌신해야만 하는 당위성을 제공하고, 봉사 정신의 강조는 교회 부흥에 필요한 일손을 모아 준다. 찬양은 우리가 거룩한 일을 하고 있다는 느낌을 갖게 하며 교제와 친목 행사들은 힘을 합쳐 잘해 보자는 일치된 감정을 고양시켜 준다. 교회는 성도들의 생각과 힘과 열정과 감정을 하나로 모아 놓고는 그 에너지로 교회를 일으키기 원한다. 교회 조직의 부흥, 과연 이것이 하나님께서 주신 꿈이라고 할 수 있는가? 그것이 진정 그분의 부르심인가?

교회가 커지고 위대해지는 것이 하나님께서 주신 사명인 것처럼 공공연히 이야기된다. 하지만 교회의 사명은 복음을 전하는 것이지, 성도 수를 늘리는 것이 아니다. 수적인 성장이나 복음 전파나 결국 영혼 구원이라는 같은 목적을 지향하는 것이 아니냐고 이야기하는 사람들도 있다. 그러나 이 둘은 반드시 구별되어야 한다. 복음을 충실하게 전하고도 교인 수가 늘지 않는 경우가 허다하고, 또 복음을 전하지 않고도 성도 수를 늘릴 수 있는 수많은 방법들이 존재하기 때문이다.

수적 성장

교회가 수적 성장을 목표로 삼고 최우선 순위를 거기에 둘 때 다음과 같은 현상이 생겨 난다. 먼저, 하나님께서 교회에 무엇을 원하시는지 묻지 않게 된다. 이미 자신의 목적이 뚜렷하기 때문이다. 자신의 존재 의미를 하나님 앞에서 묻고 확인하지 않는 교회는 영적 정체성을 상실한 채 사람의 열망과 사람의 말을 따라 표류하게 된다.

둘째로는 늘어나는 성도 수, 모임의 활성화, 집회의 열기 등 외적인 변화에만 관심을 두기 때문에 성도들의 영적이고 내적인 성장에 무관심해진다. 사역들은 내면을 향하지 않고, 외적인 변화만 유도한다. 깊은 영적 필요가 채워지지 못한다.

셋째로 성령의 능력을 의지하지 않게 된다. 외적인 변화는 성령의 개입 없이도 충분히 만들어 낼 수 있다. 교회는 성령의 새롭게 하시는 능력 대신 행정력과 조직력, 경영 능력, 홍보 효과로 유지된다. 교인들의 열렬한 호응과 열심을 성령의 역사와 동일시하는 오류를 범하기도 한다.

넷째로는 사람을 불러들이는 데만 관심이 있기 때문에 성도들이 세상에 나아가 어떤 삶을 살아야 하는지 무관심해진다. 성도들은 믿음을 삶으로 표현하는 방법을 배우지 못하고 예배당 주위만을 맴도는 이원론적 신앙을 갖게 된다.

다섯째로는 비기독교인을 사랑의 대상으로 보지 않고 잠재적 교인으로만 대한다. 교인이 될 가능성이 엿보일 때는 친절을 베풀지만, 그럴 가능성이 없을 때는 냉랭해진다. 어차피 우리 교회 교인이 되지 않을 사람이라면 그들이 무슨 말을 하든지, 무슨 느낌을 갖든지 개의치 않는다.

결과적으로 교회는 소중히 여겨야 할 본질을 가벼이 여기고 부흥의 수단으로 삼는 경향을 띠게 된다. 모든 일을 수적 부흥의 관점에서 해석하고 바라본다. 부흥하기 위해 전도하고, 부흥하기 위해 성경을 읽고, 부흥하기 위해 기도하고, 부흥하기 위해 모임을 만들고,

부흥하기 위해 예배를 드리고, 부흥하기 위해 사랑한다. 심지어는 교회를 부흥시키기 위해 예수를 믿고 있는 것처럼 보이기도 한다.

수적 부흥을 향해 달려가는 교회는 하나님마저 부흥의 협조자로 전락시킨다. 우리는 원래 하나님에 의해 교회로 부름받았고, 하나님의 뜻을 우선순위로 삼고, 그의 방식을 좇아 살기로 작정한 사람들이었다. 그러나 이제는 우리의 부흥을 위해 하나님이 적극 협조해야 되는 상황이 된다.

성경은 우리의 생각과 마음을 지배하고, 우리의 욕구가 향하는 대상이 무엇인지 진지하게 살펴보라고 말한다. 우리의 목표를 그곳에 두고, 모든 노력을 투자하려고 하는 대상을 경계하라고 말한다. '제발 이것만은 되어야 해.' '평생이 걸린다 해도, 어떤 대가를 지불하더라도 기어이 얻어 내고 말 거야.' '이것만 된다면 더 행복할 수 없을 거야.' '이것'이 하나님이 아닌 다른 것일 때, 성경은 이를 '우상'이라고 부른다. '교회 부흥'의 꿈은 교회가 매일 절하고 섬기는 무서운 우상이 될 수 있다.

교회의 고객은 하나님뿐

교회 운영 방식을 보면 기업 운영 방식과 비슷한 부분이 많다. 자본주의 사회에서 기업 활동은 기본적으로 경쟁을 기반으로 한다. 수없이 많은 기업들의 틈바구니에서 살아남으려면 남보다 나은 무언가가 있어야 한다. 기업체는 자신의 생존과 번창을 위해 소비자들이 무엇을 원하는지 귀를 기울이고 그들의 욕구에 부응하는 제품을 개발하며 자기 제품의 우수성에 관하여 소비자들을 설득하려 한다. 소비자들의 마음을 제대로 파악하고 그들을 만족시킨 기업만이 소비자들의 선택을 받고 살아남기 때문이다. 기업은 소비자들을 만족시킴으로써 이윤 획득이라는 자신의 목적을 달성하는 것이다.

썩 좋은 비유는 아니지만, 교회를 기업체에 비유한다면 교회의 고객은 하나님이어야 한다. 교회는 생명의 근원을 하나님께 두고 있다. 하나님이 떠나시면 교회는 죽는다. 수많은 성도들이 모이고, 교계에서 큰 영향력을 행사하고 있더라도 공허할 뿐이다. 그럼에도 불구하고 만일 많은 사람들을 데려와 예배당을 채우는 것이 하나님의 뜻이라고 믿어 버린다면 어떻게 될까? 자연스럽게 기업과 유사한 전략을 취하게 된다. 하나님이 아닌 교인들을 교회의 소비자 혹은 고객으로 삼는 것이다. 즉 교인들의 취향과 요구를 분석해서 '복음'이라는 상품을 적절한 형태로 공급해 주면 사람들을 끌어들일 수 있다고 믿게 된다. 사람들이 선호하는 교회를 벤치마킹해서 아이디어를 가져오고, 교인들이 평안히 거할 수 있는 시스템을 구축한다. 우리 교회가 주변의 허접한 교회와 어떻게 차별화되는지 홍보하는 것은 물론이다. 우리가 보듯이 이런 전략은 종종 성공하는 듯 보인다.

크고 위대한 교회를 향한 꿈은 하나님께서 교회에 주신 소명이 아니라 한 교회가 갖고 있는 개인적인 소원에 불과하다. 자신의 소원을 공동체의 목표로 설정해 두고 하나님을 만나고자 찾아온 성도들에게 그런 목표를 내밀어서는 안 된다.

성도들의 '아니오'

교회가 지나치게 수적 성장에 집착하는 원인으로 지도자들의 야망, 잘못된 신학이나 목회 철학을 지적하는 것도 맞지만 성도들이 끼치는 영향도 무시할 수 없다. 처음에는 교인 수 늘리기에 거리낌을 나타내던 성도들도 설교를 반복해서 듣고 다른 사람도 별다른 문제를 삼지 않는 것처럼 보이면 동화되기 시작한다. 특히 신실한 신앙을 가진 것처럼 보이는 사람들이 그 일에 적극적으로 뛰어드는 것을 보면서 자신도 부흥에 일조해야겠다고 결심한다. 사람은 외톨이가 되는 것을 두려워한다. 군중심리란 무서운 것이다! 교회의 부흥을 위해 최선을 다하는 성도들을 보면서 목회자들은 이런 생각을 하게 되리라. '모든 성도들이 저토록 교회의 번창을 열망하고 있구나. 만일 이 계획이 실패하거나 지연되면 성도들이 얼마나 실망할 것인가.'

모든 성도들에게 같은 꿈과 열망이 있다고 믿는 목회자는 더욱 강하게 자신의 목표를 추진하게 될 것이다. 목회자와 평신도들의 말과 생각은 서로 상승 작용을 일으켜서, 이 목표보다 중요한 것이 없다는 확신을 낳는다. 성도는 목회자로부터 영향을 받을 뿐 아니라 목회자와 교회 전체에 영향력을 끼친다.

우리는 우리를 부르신 이가 누구인지 돌아보아야 한다. 우리를 부르신 이는 하나님이지 교회 조직이 아니다. 우리가 교회로 모인 것은 예수 그리스도 안에서 살며 그를 따르기 위해서이지, 목회자의 소원을 이루어 주거나 교회를 부흥시키고 확장하기 위해 모인 것이 아니다. '큰 교회 만들기'처럼 하찮은 프로젝트는 사랑과 진리로 충만한 저 위대한 하나님의 부르심과 전혀 어울리지 않으며 감히 그에 견줄 수가 없다. 성도들은 하나님의 부르심 위에 굳게 서서, 그 부르심과 무관한 요구에 대해서는 '아니오'라고 말할 수 있는 믿음과 용기를 지녀야 한다. 그것이 분위기에 휩쓸리거나 군중심리의 지배를 받지 않고 성령의 인도함을 받는 생활이라고 믿는다.

생존인가 사명인가

한 동네에 한 교회가 있었던 시절을 지나 상가 건물 한 곳마다 예배당이 하나씩 들어설 정도인 오늘날에는 교회 간에 극심한 경쟁 구도가 형성되었다. 우리 집만 보더라도 걸어갈 수 있는 가까운 거리에 교회가 다섯 개 이상 있다. 그러니 성도 수 확보에 신경을 쓰지 않을 수 없다. 사람들은 작은 교회보다는 큰 교회를 선호하며, 게다가 잘 모이는 교회는 분위기가 좋아져 새로운 사람들이 더 잘 들어온다. 이로써 큰 교회는 더 커지고, 작은 교회는 갈수록 성도를 모으기가 힘들어진다고 한다. 부흥 아니면 문을 닫아야 하는 기로에 놓인 교회로서는 커지고 싶은 유혹을 뿌리치기 힘들 것이다. 교회는 '생존'과 '사명' 사이에서 무엇을 택해야 할지 고민해야 하는 상황에 놓였다.

아마도 대부분의 교회와 지도자들은 이러한 고민을 안고 있으며, 생존에만 급급한 교회가 되지 않으려고 애쓸 것이다. 그럼에도 불구하고 생존을 위해 사는 것처럼 보이는 교회가 많은 이유는 그만큼 이 유혹이 강하고 치명적이라는 뜻이다.

여기에 영적인 전쟁이 있다. 교회는 수적 부흥이라는 본능적 욕구에 대항하여 영적 싸움을 선포해야 한다. 교회는 자신을 지배하고 있는 것이 하나님의 영인지 부흥을 향한 욕망인지 살펴야 한다. 이 파괴적인 힘을 인식하고 계속해서 거부하는 교회만이 끝까지 교회로 존재할 수 있다.

어쩌면 오늘날 한국의 목회자는 오지 선교사와 비슷한 처지에 놓여 있는지 모른다. 복음 때문에 목숨을 잃어버릴 가능성은 한국에서 많지 않지만, 진정한 교회를 추구하다가 성도 확보 경쟁에서 밀려나 목회적으로 죽음을 맞이할 수도 있기 때문이다. 이제 한국에서 참된 목회를 하고자 하는 이들은 '교회 개척에 실패한 목사', '무능한 목사'라고 불릴 각오를 해야 할지도 모른다.

종교적 성공과 번영을 추구하는 세속적인 물결이 강할수록 자신의 본질을 놓치지 않는 교회는 그래서 더 빛이 난다. 교회가 끝까지 작은 규모로 남는 한이 있더라도, 더 나아가 교회 팻말이 아예 사라져 버리는 한이 있더라도 '교회다움'을 지키는 교회가 진짜 교회이다. '생존'을 선택해서 거대해진 교회보다는 '사명'을 따르다가 잊혀진 교회를 하나님께서 인정하실 것이기 때문이다.

4.
안내자의
역할이
끝나는 곳

말씀 선포 시간은 교회가 자신의 정체성과 사명을 확인하고 발견하는 시간
이다. 말씀이 아닌 다른 것을 선포하거나, 자신이 선포한 말씀에 굴복하지 않
는 교회는 자신의 생명을 유지하기 어렵다.

말씀을 갈망하는 성도들

공적 예배는 교회의 큰 부분을 차지한다. 그리고 예배의 중심에
는 설교가 있다. 설교가 다른 예배 순서보다 더 중요하다고 말할 수
는 없다. 그러나 찬양과 기도, 헌금과 교제 등의 의미를 명확히 밝혀
준다는 의미에서 독보적인 역할을 한다는 점은 부인할 수 없다. 많
은 사람들이 교회 선택의 첫째 기준으로 좋은 설교를 꼽는다. 예배
당에 들어서는 사람들의 마음에는 무엇보다도 하나님의 말씀을 듣
게 되리라는 기대감이 자리 잡고 있다.

성도들은 매일 세상에 나아가 대부분의 시간을 세상에서 보낸
다. 만나는 사람들 대다수가 그리스도인이 아니며, 직장이나 가정에
서 하는 일도 외적으로는 하나님과 별로 관계가 없어 보인다. 매순

간을 하나님 앞에서 살아 낸다는 것은 쉽지 않은 일이다. 짧은 시간을 쪼개 아침마다 묵상을 하고 저녁마다 기도를 하더라도 하나님의 임재를 경험하기가 쉽지 않다. 이게 아닌데 하면서 무언가에 끌려가 다시피 일주일을 살다가 주일 예배에 나오는 경우가 많은 것 같다. 그런 성도들에게 예배는 소중하고 복된 기회이다. 공적 예배는 하나님 앞에 나아가기 위해 구별해 놓은 시간이다. 특히 우리는 함께 부르심을 받은 사람들과 나란히 하나님 앞에 선다.

하나님의 말씀은 우리에게 진리를 준다. 우리가 누구이고, 왜 여기 있으며, 무엇을 위해 살며 무엇을 의지해서 살아야 하는지 다시 알려 주신다. 어둡던 우리의 눈이 밝아져 희미하던 것이 선명하게 보이기 시작하며, 생각이 명료해져 우리를 사로잡고 있던 거짓 두려움과 어리석음에서 벗어나게 된다. 우리는 느낌과 눈치와 본능으로 살아온 옛 방식을 버리고, 믿음으로 살기를 선택한다.

하나님의 말씀은 우리에게 사랑을 준다. 우리가 비록 실패한 사람처럼 보이지만, 여전히 그분의 사랑 안에 있음을 알게 되고 그분의 변함없는 약속이 우리를 붙들고 있음을 깨닫는다. 그의 사랑 안에서 우리는 오랜 기갈 후에 물을 마신 사슴처럼, 길을 잃고 헤매다가 부모를 다시 발견한 아이처럼 기쁨과 힘을 회복하게 된다.

하나님의 말씀은 그의 위대함을 바라보게 만든다. 하나님 안에서 자신을 새로이 발견한 우리들은 만물의 근원이신 그분께 경배를 드린다. 나를 낮추고 하나님을 높이며 그분께 최고의 영예를 드림으로써 힘을 얻는다. 내가 가진 모든 문제는 그대로 남아 있으나 그 문제들이 더 이상 나를 짓누르지 못하는 것을 경험한다.

우리는 하나님의 말씀이 영적 지식을 담은 언어일 뿐 아니라, 말씀 자체가 곧 하나님임을 경험한다. 말씀은 활자에 갇혀 있지 않고, 꿈틀거리는 실체가 되어 우리 안으로 들어와 영에 생기를 불어 넣는다.

말씀이 말하게 하라

온전한 예배는 이렇게 우리를 하나님 앞에 서게 하고 하나님 앞에서 어떻게 살아야 할 것인가를 밝히 보여 주며 그것을 살아 낼 힘을 부여한다. 이럴 때 교회가 하나님의 생명으로 충만해진다. 우리는 이런 예배를 기대하고 있다. 그러나 현실적으로는 그렇지 못한 경우가 많은 것 같다. 웅장한 예배당 안에서 예배가 이루어지지만, 수준 높은 성가대의 찬양을 듣고, 화려한 영상도 감상하지만 내면은 공허하다. 설교자가 시종 웃어 주며 희망찬 이야기를 전하지만 정작 하나님께서 약속하신 내용은 듣지 못한다. 심각한 도전이나 책망을 듣기도 하지만 하나님이 아니라 설교자나 다른 사람들의 눈치에 민감하게 만들곤 한다. 하나님과 만나지 못하고 남의 생각만 듣다가, 혹은 내 생각만 되뇌다가 돌아가곤 한다.

예배가 늘 충만한 감정으로 귀결되어야 한다는 것은 아니다. 참된 예배는 이른바 '은혜 받는' 예배와 다르다. 때로는 하나님의 말씀이 우리를 의기소침하게 만들 수도 있고, 내적인 혼란이나 심각한 갈등을 일으키기도 한다. 또 성도들에게 이런 영적 체험을 제공해야 할 책임이 전적으로 설교자나 교회 지도자들에게 있다고 말하려는 것도 아니다. 객관적으로 볼 때 흠이 없는 좋은 설교라 해도 실제 각 사람에게 일어나는 반응은 제각기 다르기 때문이다.

그럼에도 불구하고 온전한 예배를 위해서 말씀을 선포하는 설교 자가 반드시 해내야 할 의무가 있다고 믿는다. 내가 예배에 참여하 면서 절실히 느껴 왔던 부분이며, 신실한 설교자들이 반복해서 강 조해 온 것이기도 하다. 그것은 '하나님께서 무엇을 말씀하셨는가'를 명확히 드러내는 일이다. 설교자는 본문에서 어떤 일이 일어났는지, 쓰여 있는 말들의 의미가 무엇인지, 무엇을 격려하거나 책망하는지 성도들이 이해할 수 있는 언어로 전달해야 한다. 그렇게 함으로써 하나님께서 '무엇'을 약속하셨으며, 성도들이 '무엇'에 반응해야 하 는가를 선명하게 드러내야 한다.

무수히 많은 이야기들을 성도들이 듣고 있지만 가장 중요한 것, '하나님께서 우리에게 무엇을 말씀하시는지'는 명확히 선포되지 않 는다. 여러 가지 이야기와 교훈과 권면은 듣지만, 성경 안에서 무슨 일이 일어나고 있는지, 하나님께서 무엇을 말씀하셨는지 듣지 못한 다. 놀라운 것은 그럼에도 설교의 결론은 늘 명확하다는 것이다. 그 러므로 스스로에게 물어보자. 본문이 들려주는 이야기가 정말 설교 자의 결론과 같은지 말이다. 나는 '하나님께서 무엇을 말씀하시는 가'를 명확히 드러내기 위해 세 가지 요소가 필요하다고 본다.

거기서 설교자의 역할은 끝난다

첫째, 설교자의 웅변 기술은 그리 중요하지 않다. 재미있는 예화로 설교를 시작하거나, 기막힌 반전을 준비하는 것, 청중과 눈을 마주치거나 화려한 제스처를 구사하는 등 테크닉은 좋은 설교에 별 도움이 되지 않는다. 말씀의 진정한 능력은 작성해 온 설교문을 읽느라고 한 번도 성도들을 쳐다보지 않는 경우에도 나타날 수 있다. 하나님의 임재가 설교자 개인의 특출한 능력에 의해 발현되는 것이 아니라 이미 말씀 안에 담겨 있기 때문일 것이다. "하나님의 말씀은 살아 있고 활력이 있어 좌우에 날선 어떤 검보다도 예리하여 혼과 영과 및 관절과 골수를 찔러 쪼개기까지 하며 또 마음의 생각과 뜻을 판단하나니"히 4:12라고 했다. 하나님께서는 솜씨 있는 요리사가 갖은 양념을 뿌리고 다양한 부가 재료를 곁들여야만 먹을 수 있는 양식을 주신 것이 아니다. 말씀을 통한 하나님의 은혜와 생명은 구하는 자 누구에게나 열려 있다. 말씀의 역사를 방해하는 것은 참된 양식을 전심으로 구하지 않고 다른 것으로 대충 끼니를 때워도 살아갈 수 있다고 믿는 우리의 영적 자만일 것이다. 여기서 잠시, 남태평양의 어느 섬나라를 여행하는 상상을 해보자.

둘째 날이었다. 숙소에서 한참을 벗어나 달리던 버스에서 내리자 안내자가 우리를 반갑게 맞아 주었다. 그는 숲 속으로 난 좁은 길을 가리키며 오늘의 목적지를 소개했다. 우리는 길을 걸어가며, 지금 방문하려는 장소의 이름과 지형, 그곳이 어떤 역사적 의미가 있는지 설명해 주었다. 흥분된 그의 목소리 때문인지 우리 일행은 내심 기대가 되었다.

그러나 **빽빽**한 삼림 속에서 길을 만들다시피 하며 30분 이상을 걷다 보니 금세 무언가를 보리라던 기대와 달리 점점 피곤이 느껴지기 시작했다. 질퍽한 흙바닥은 신발을 점점 무겁게 잡아당겼고, 얼굴 위로 드리워진 나뭇가지를 하나씩 치워 내며 나아가는 걸음은 더디기만 했다. 그래도 일단 가보면 후회하지 않을 것이라며 안내자는 우리를 재촉했다. 이제 와서 돌아갈 수도 없는 노릇, 끝까지 가보는 수밖에 없었다.

과연 얼마 지나지 않아 빽빽하던 숲이 탁 트였다. 하늘을 향해 거대하게 입을 벌린 숲 구멍으로 햇살이 눈부시게 쏟아져 한동안 눈을 제대로 뜰 수 없었다. 그 앞에는 수정같이 푸른 물을 품은 호수가 누워 있었다. 안내자의 음성을 따라 위를 바라보니 끝이 보이지 않는 저 위에서부터 물줄기가 쏟아지고 있었다. 강렬한 햇빛 속에 숨어 있다 쏟아져 나오는 물줄기는 어디서부터 시작된 것인지 가늠할 수 없었다. 돌바닥을 치고 올라와 대기 속으로 뿌려진 물줄기는 호수 위에 새하얀 안개를 드리웠다. 가장자리를 따라 수호신 마냥 호수를 둘러 지키고 서 있었던 것은 이름을 알 수 없는 물풀들과 수려한 나무들, 신비스러운 암석들이었다. 탄성이 터져 나왔다.

거기서 안내자의 역할은 끝났다. 그 뒤로도 안내자는 이 호수의 깊이가 얼마이며 수질은 몇 등급에 해당한다는 이야기를 하는 것 같았지만 아무도 듣는 이가 없었다. 우리들은 자연이 보여 주는 놀라운 영상과 소리의 조화에 매료되어 있었기 때문이다. 수년이 지난 지금도 그 장소를 떠올릴 때마다 차가운 물보라와 안개 냄새가 느껴진다. 하지만 그 안내자를 떠올리면 거의 기억나는 것이 없다. 모자를 썼는지 안 썼는지도 모르겠고 심지어는 그가 흑인이었는지 백인이었는지조차 확실하지 않다.

설교자가 하는 일이 바로 이 안내자와 유사하지 않을까. 안내자에게는 황홀한 자연 경관을 연출해 내야 할 의무도, 그런 능력도 없다. 오직 그곳으로 사람들을 데려가기만 하면 된다. 설교자는 성도들을 감동시킬 필요가 없다. 단지 말씀 앞으로 그들을 안내하기만 하면 된다.

청중의 눈이 설교자를 향한다 해서 그들이 설교자를 보는 것은 아니다. 그들의 영혼은 눈이 감지하지 못하는 다른 것을 본다. 청중의 귀가 설교자의 목소리에 기울이는 듯하지만, 그들의 영혼은 이 땅에 속하지 않은 다른 소리를 듣는다. 예배하는 이들은 설교자가 아니라 거기 임재하시는 하나님께 직접 충만함을 받는다. 그래서 하나님을 만나는 진정한 예배자들은 저 여행자와 같이 설교자의 존재를 거의 의식하지 못할 정도가 된다.

그럼에도 불구하고 무대에 올라온 주인공처럼 행세하려는 설교자가 있다. 자신이 은혜의 보따리를 쥐고 있는 것처럼, 원하는 때에 원하는 사람에게 은혜를 내릴 수 있는 것처럼 말한다. 이것은 강연 혹은 쇼일 뿐이지 예배가 아니다. 진정한 예배란 설교자를 의식할 수 없을 만큼 오직 하나님만 바라보는 것이다. 다른 모든 존재를 무시하고, 오직 하나님 앞에 굴복하는 것이다. 이 예배의 본질을 훼손하는 설교는 교회의 기반을 흔드는 심각한 행위이다.

설교자뿐 아니라, 너무 화려한 예배당과 강단 장식도 하나님을 보는 것을 힘들게 만든다. 하나님 외에는 볼 것이 없는 단촐한 공간, 하나님의 말씀 외에는 들을 만한 것이 전무한 곳에서 예배자의 눈은 더 밝아지고 귀는 더 예민해진다. 예배가 참으로 중요하다고 믿는다면 하나님을 온전히 바라보는 데 방해되는 모든 것들을 치워버려야 한다.

광고는 광고 시간에

두 번째 요소는 하나님의 말씀 그 자체를 선포하는 것이다. 이런 장면을 떠올려 보자.

> 대표 기도가 끝나고 정해진 성경 본문을 함께 봉독한다. 마지막 절을 읽고 나자, 설교자가 성경을 탁자 위에 내려놓으며 말한다. "오늘 여러분에게 꼭 해야 할 이야기가 있습니다." 그리고 다음과 같은 이야기가 이어진다. "다음 주에는 우리 모두가 정성 들여 준비해 온 전도 집회가 있습니다. 하나님께서 기뻐하시는 집회가 되려면……", "이제는 증축이 필요한 시점에 이르렀다고 생각합니다. 앞으로 건축될 교육관은 5층짜리 단독 건물로서……", "오늘 저녁예배 때에는 여러분이 정말 만나기 힘든 훌륭한 분이 오십니다. 이 선교사님으로 말할 것 같으면……".

물론 아까 읽은 본문도 인용된다. 하지만 본문은 하고 싶은 이야기를 보조하는 참고 자료일 뿐이다. 설교를 하는 데 성경 본문은 있어도 그만, 없어도 그만이다. 설교자가 정말 중요하다고 생각하는 이야기, 성도들이 꼭 들어야 할 이야기는 아쉽게도 성경 안에 없었던 것 같다. 이런 설교는 '광고형 설교'라고 부를 만하다. 설마 이런 식의 설교가 있냐고 반문하는 성도가 있다면 그는 정말 복이 많았던 사람이다. 나는 여러 교회에서 이런 광고형 설교를 무수히 들었다.

이런 설교는 설교자의 마음과 생각에서 나온다. 그리고 그 내용은 대부분 교회의 현황과 관련이 있다. 당면한 일들을 효과적으로 추진하거나 문제를 해결하는 데 설교 시간이 사용되는 것이다. 하나님께서 성도들에게 말을 건네는 시간이 아니라 교회의 지도자나 조직이 성도들에게 호소하고 그들을 설득하는 시간이 되는 것이다. 물론 교회 운영에 있어서 중요한 이야기일 수 있다. 그럼에도 이러한 설교는 교회의 생명인 하나님의 말씀을 생명 없는 것으로 대체해 버린다는 점에서 치명적이다. 이런 이야기를 하고 싶다면 차라리 예배를 드리지 말고 광고를 하는 것이 낫지 않겠는가. 적어도 성도들이 예배와 광고를 혼동하지 않도록 말이다.

예배 시간은 교회가 귀를 열고 입을 다무는 시간이다. 말씀 앞에서 자신의 사역을 돌아보고 회개하는 시간이다. 각 개인이 말씀에 비추어 자신의 삶을 돌아보고 잘못을 회개하는 것과 마찬가지다. 교회가 추진하고 있는 모든 행사와 계획들을 멈추고 점검을 받는 시간이어야 한다. 하나님의 뜻과 무관한 행사들은 말씀에 의해 뒤로 물러나야 한다. 지금까지 소홀히 해왔던 것들에 대해 새롭게 주목하고 마음을 다잡아야 한다. 그것이 하나님을 경외하는 태도이다. 그런데 교회가 추진하고 있는 행사와 계획에 당위성을 부여하고 이를 완수하기 위한 수단으로 하나님의 말씀이 사용된다면 어찌 되겠는가. 이는 교회 자신이 하나님의 자리에 오르려는 것이며, 교회가 스스로를 예배하려는 시도와 다르지 않을 것이다. 이것은 우상숭배이다.

하나님의 말씀은 올바로 전해지든 실패하든 당장 현실적으로는 영향력을 미치지 않는다. 잠시 교인들의 얼굴을 밝게 만들지 몰라도 그들의 삶이나 행동에 눈에 띄는 변화를 당장 가져오지는 않을 것이다. 어차피 하나님의 말씀은 늘 전할 기회가 있지 않은가. 반면 이번에 치르는 행사는 일주일밖에 남지 않았다. 중요한 집회에 빈자리가 많이 보인다든지, 재정을 급하게 충당해야 하는 일이 실패할 경우 공개적으로 부끄러움을 당하고 현실적인 어려움을 야기할 수 있기에 더 시급해 보인다.

하지만 이것은 유혹이다. 중요한 것을 급한 일에 양보하고, 성령의 사역을 육신의 사역에 양보하라는 유혹이다. 개인이나 집단의 뜻을 관철시키기 위해 하나님의 입을 잠시 막아 놓으려는 유혹이다. 이 유혹에 빠져 한 달, 두 달 보내다 보면 예배는 강연장과 프로젝트 회의로 탈바꿈하고 만다. "설교는 넘쳐나지만 하나님의 말씀은 듣기 어렵다"는 상황이 바로 이것을 두고 하는 말이 아니겠는가. 오늘날 우리가 목격하는 한국 교회의 무기력은 말씀의 능력을 신뢰하지 못하고 단기적이고도 정치적 효과를 위해 설교를 남용해 온 것과 무관하지 않을 것이다.

교회는 이 땅에 하나님을 드러내는 존재라고 했다. 설교는 가장 직접적으로 하나님이 표현되는 수단이다. 언어로 하나님을 드러내지

못하는 교회가 어떻게 더 고차원적인 표현 방식인 삶과 행동으로
하나님을 보여 주리라 기대할 수 있겠는가.

설교자도 듣는 사람이다

셋째, 말씀을 전하는 설교자도 청중과 매한가지로 하나님 앞에
선 그리스도인이다. 그는 말씀의 원천으로서가 아니라, 말씀을 듣는
한 사람으로 거기에 있다. 말씀에 생명이 있다면, 가장 먼저 설교자
를 살아나게 할 것이다. 말씀이 진리라면, 설교자를 먼저 바로잡을
것이다. 설교자가 강단에서 자신의 삶 전체를 보여 주는 것은 아니
지만 선포된 말씀이 자신을 어떻게 사로잡고 있는지, 그리고 그 말
씀을 어떻게 받아들이고 있는지 드러나게 된다.

설교자가 말씀을 의지하는 것을 본받아 성도들도 말씀을 신뢰하
게 되고, 하나님 앞에서 겸허한 그의 모습에서 지극히 높으신 하나
님을 보게 된다. 또한 그가 하나님의 말씀에 온전히 자신을 복종시
킬 때 성도들은 순종이 무엇인지를 배운다. 그러므로 성도들은 설교
자로부터 말하는 법을 배우는 것이 아니라, 귀를 여는 법을 배운다.
하나님 앞에선 설교자의 태도는 소리 없는 언어가 되어 성도들에게
전달된다. 그래서 말하는 내용 못지않게 큰 영향력을 미친다.

살아 있는 씨인가 나무 모형인가

하나님의 말씀이 우리를 살리고 지탱한다는 것에 이의를 제기할

사람은 아무도 없을 것이다. 그럼에도 왜 교회는 말씀의 능력을 의지하는 데 자꾸 실패하는 것일까? 말씀에 의해 변화가 나타나는 과정이 대부분 매우 더디다는 데 그 이유가 있을 것이다. 갓 태어난 신자가 성숙해지고 주변 사람들에게 자신의 변화를 드러내며 세상 속에서 영향력을 미치기까지는 오랜 세월이 필요하다. 말씀의 씨를 뿌리는 사역자나, 그 씨를 품은 자들은 인내를 지녀야 한다. 1년, 5년, 10년 후에 맺힐 열매를 바라보아야 하는 것이다. 그러니 교회가 신속한 반응, 일사불란한 움직임, 빠른 성장을 보고자 한다면 이런 과정은 받아들이기 힘들 것이다.

예수께서 하나님의 말씀을 씨에 비유하고, 교회를 나무에 비유하신 것처럼 교회의 꿈을 황량한 땅에 울창한 숲을 만드는 것에 비유해 보고 싶다. 만일 원대한 꿈과 대조적으로 나무는커녕 어린 묘목도 없고, 씨만 있다면 어떻게 해야 할까? 정말로 숲을 보기 원한다면 지금이라도 땅을 파서 씨를 심고 물을 주어야 한다. 이런 답답하고 느린 과정이 내키지 않는다면, 다른 방법을 생각해 볼 수도 있다. 나무 모형들을 사다가 심는 것이다. 멀리서 보면 진짜 나무인지 가짜 나무인지 구별하기 힘들다. 만일 하루라도 빨리 숲의 모양을 갖추는 것이 목적이라면 괜찮은 대안이 될 것이다. 그러나 가짜 나무로 만들어진 숲은 가짜 숲일 뿐이다. 가짜 숲에서는 낙엽 밑으로 벌레가 기어 다니고, 나비가 날아들며, 새들이 둥지를 틀고 다람쥐가 통통 뛰어다니는 것은 보지 못할 것이다. 하얀 안개가 새벽에 올라오고 청정한 산소를 대낮에 뿜어내는 숲은 만들 수 없다. 살아 있는 숲을 보려면 살아 있는 씨를 심는 것이 유일한 방법이다.

　살아 있는 씨를 심을 것인가, 나무 모형을 가져다가 심을 것인가를 오늘날의 교회가 진지하게 고민해야 할 것이다. 열심히 씨를 심고 물을 주며 평생을 가꾸더라도 숲을 보고자 했던 우리의 꿈은 생전에 다 이룰 수 없을지도 모른다. 어쩌면 작은 새싹이 올라오는 것을 보는 것에 만족하며 이 꿈을 우리의 후대에게 물려주어야 할 수도 있다. 그렇더라도 가짜 나무를 심어 거대한 플라스틱 숲을 만드는 것보다야 훨씬 보람 있지 않겠는가.

5.
다음 주에도
꼭
나와라

기독교는 무엇을 믿고 어떤 삶을 살라고 가르치는가? 교회의 가르침을 유심히 살펴보면 피상적이고 모호하다는 느낌을 지울 수 없다. 우리는 과거 예수의 제자들과 신실한 성도들이 배우고 훈련해 왔던 중요한 가르침으로부터 멀리 떠나 있는 듯하다. 특히 주일학교 교육을 볼 때 교회 교육의 빈곤한 실태가 잘 드러난다.

주일학교의 위기

"우리는 교회에서 지금까지 무엇을 배우고 익혀 왔을까?" 교회에서 다른 아이들을 가르치려고 했을 때 이 질문이 내게 대두되었다. 그래서 내가 주일학교 교사로 지냈던 이야기로 시작해 보려고 한다.

그리스도인이 된 지 몇 년이 지나서였다. 주로 대학부 활동만 했던 내게 중등부 교사로 3년 정도 일할 기회가 주어졌다. 네댓 학생들로 이루어진 반 하나를 맡으면서 적잖은 책임감을 느꼈다. 그 당시 교사인 내가 담당했던 역할은 이런 것들이었다.

먼저 아이들이 예배 시간에 목사님이나 전도사님의 말씀을 경청하도록 분위기를 조성했다. 지금도 마찬가지이지만 그때도 떠드는 학생이 3분의 1, 조용히 딴생각하는 학생이 3분의 1을 넘는 게 보통이었다. 때문에 나는 예배 도중에도 몇 차례나 눈꼬리를 치켜들고는 "얘들아 똑바로 앉아라", "너 그만 떠들어"라고 힘주어 말해야 했고, 태도가 너무 불량한 아이는 따로 불러다가 야단을 치기도 했다.

둘째, 분반 공부를 인도하는 것이었다. 함께 성경을 읽고, 그들에게 질문을 던지고, 나중에는 정답을 말해 주었으며 짧은 기도로 마쳤다. 셋째, 행사를 계획하고 진행했다. 거의 매주 교사 회의가 있었고 행사에 필요한 진행 담당자와 예산을 정하고 비품과 홍보자료 등을 준비했다. 넷째, 주중에 아이들을 돌아보았다. 열심 있는 몇몇 교사는 주중에 시간을 내어 아이들을 따로 만나기도 했지만, 대개는 예배에 결석한 학생들에게 전화로 안부를 묻는 정도였다.

이런 일에 많은 시간과 노력이 소요되고 그렇게 한 주 한 주가 흘러갔다. 하나님께서 주신 직분이며, 참으로 보람 있는 일이라는 점은 한 번도 의심치 않았지만 예배와 분반 공부가 모두 끝나고 아이들이 돌아가면 마음속이 허전하고 찜찜했다. 진짜 해야 할 일을 하지 못하고 주변만 맴도는 느낌이었다. 나는 아이들에게 무엇을 가르쳐야 하는가? 이 아이들이 어떤 모습으로 변하기를 기대하고 있는가? 이 질문에 분명한 답을 갖고 있지 못했다.

"예수님을 잘 믿으세요", "커서 하나님이 기뻐하시는 사람이 되세요"라는 말을 아이들에게 많이 했고, 또 실제로 그렇게 자라기를 바랐다. 그런데 다시 생각해 보면 참 모호한 말이 아닐 수 없다. 아이들에게 믿음이 좋다는 것은 뭘까? 그들이 어떻게 하나님을 기쁘시게 할 수 있을까? 또 이런 말도 거의 매주 되풀이했다. "친구와 사이좋게 지내야 합니다", "기도를 열심히 하세요", "매일 성경을 읽으세요". 공과 공부를 하다 보면 대부분 이렇게 적용을 하기 때문이었다. 하지만 별 실효성이 없는 이야기였다. 착한 사람이 되라는 것은 내가 굳이 말하지 않아도 수없이 듣는 말이다. 기도나 성경 읽기가 아주 중요하다 해도 내 말을 듣고 아이들이 스스로 성경을 읽고 기도하는 모습은 잘 상상되지 않았다. 예배 중간에 잠깐 드리는 기도 시간도 못 참고 몸을 비트는 아이들이 대부분이었고, 나 자신도 일주일 동안 기도하지 않은 적이 많았다. 간혹 성경을 한두 장 읽어 보았다거나 힘든 일이 있어서 기도를 했다는 아이가 나타나면 내가 더 놀랐다. 교사인 내가 학생들에게 기대감이 없는데 가르침이 제대로 될 리가 없었을 것이다.

매주 반복되는 설교와 찬양과 공과 공부가 그들에게 어떤 의미였으며 어떤 영향력을 주고 있는지 모른 채 시간을 보냈다. 나뿐 아니라 다른 선생님들도 큰 차이는 없어 보였다. 그럼에도 주일학교가 한 가지만은 쉬지 않고 가르쳐 왔다는 사실을 알게 되었다. 다른 가르침은 다 잊어버리고 흘려듣더라도 이것 하나만은 각인될 만큼 구체적이면서도 강력한 메시지가 있었다. 그것은 "다음 주에도 꼭 나와라"였다. 물론 설교자나 선생님들이 단도직입적으로 이런 말을 자주 꺼내지는 않을 것이다. 그러나 주일학교가 간절히 바라고 있으며, 선생님들이 가장 신경을 곤두세우고 있는 부분이 바로 꾸준한 교회 출석이라는 것을 그들은 분명히 느끼고 있다. 결국 아이들은 이런 생각을 하지 않을까. '예수님을 믿는다는 것의 가장 큰 증거는 매주 교회에 빠지지 않고 나오는 것이다.' '교회에 자주 나오면 결국 홀

름한 사람이 될 것이다. 아니, 교회에 나온다는 것 자체가 이미 훌륭한 일이다.' '착한 일을 못하더라도, 기도를 안 해도, 성경을 읽지 않아도 교회에 빠지는 것에 비하면 사소한 잘못이다.'

이것은 교사인 나 자신의 생각이기도 했다. 학생들의 신앙 성장이 눈에 띄지 않아도 교회만 꾸준히 출석해 주면 크게 걱정하지 않았던 것이다. '계속 교회에 나오다 보면 언젠가는 신앙이 깊어지겠지.' 이런 막연한 기대감을 품고는 내 책임을 내일로, 내일로 미루고 있었다. 물론 아이들의 신앙에 정기적인 예배 출석은 중요하다. 하지만 주일에 찾아와 의자에 엉덩이를 붙이고 앉아 있는 것이 신앙의 핵심이 될 수는 없다. 아이들이 와서 꼭 배워야 할 것, 반드시 전하고 싶은 메시지, 보여 줄 어떤 것이 있어야 한다. 그래야 매주 교회에 오라는 말이 의미가 있다. 과연 그것이 무엇일까?

매주 예배당에 오는 아이들이 주일학교에서 무엇을 배우는지 유심히 살펴보자. 사실 우리가 전하는 내용은 매우 빈약하다. 아담과 하와, 아브라함, 가나안 정탐꾼, 오병이어의 기적, 옥에 갇힌 바울 이야기 등 어떤 내용이든 결론은 크게 다르지 않다. 이번 주나 다음 주나 같은 결론이 반복되기 일쑤이다. "그러니까 예배를 잘 드려야 합니다", "그러니까 예수님을 잘 믿어야 합니다"이다. 예배의 중요성 강조가 예배의 내용이 되고, 믿음이 중요하니 무조건 믿으라고 강요하는 느낌이다. 초등학생인 나의 자녀도 그런 생각이 드는지 교회에서 돌아와 가끔 내게 불평을 털어놓는다. "교회에서는 맨날 똑같은 말만 해."

복음의 진리는 한두 시간 만에 전해 줄 수 있는 내용이 아니다.

진리를 완전히 이해하고 자신의 것으로 받아들일 때까지 충분히 반복해 줄 필요가 있다. 하지만 똑같은 언어와 문장을 단순히 되풀이하는 것은 곤란하다. 같은 방식으로 반복되는 이야기는 진리를 간단한 문구로 축소시켜 버린다. "예수님은 왜 십자가에 돌아가셨을까?"라는 질문에 "내 죄 때문에"라는 답을 대응시키는 것이 진리를 잘아는 것이라고 착각하게 만든다.

예배를 잘 드리고 믿음에서 떠나지 않아야 한다는 가르침을 유치부, 초등부, 중등부, 고등부에 이르기까지 10여 년 동안 듣는다면 얼마나 지겨울지 생각해 보라. 자신의 삶과 직접적인 연관도 없고 아무런 변화도 일으키지 않는 예배에 계속 참여하면서 무슨 생각을 하게 될까. 예배란 '참을성 있게 앉아서 들어주는 것'이라고 여기지 않겠는가. 한 아이에 대해 주일학교가 갖는 목표란, 삶의 변화는 고사하고 1년 후에도 교회에 남아 있도록 만드는 것이 되어 버린다. 그래서 예배와 그 외의 순서들을 통해서 끊임없이 한 메시지를 반복하게 된다. "계속 교회에 나오너라."

나는 이 문제가 비단 주일학교만의 문제가 아님을 알게 되었다. 주일학교는 교회의 축소판이라 할 수 있다. 교회 안의 작은 교회이다. 그래서 주일학교는 그 교회가 견지하는 신앙의 핵심요소들을 그대로 물려받기 마련이다. 주일학교 교사들은 자신이 교회에서 보고 배운 것을 아이들에게 전수하며, 교회가 늘 자신에게 강조해 왔던 것을 자연스레 아이들에게도 강조하게 된다. 교사들이 무엇을 가르쳐야 할지 잘 모른다는 것은 지금까지 교회에서 무엇을 배웠는지 모른다는 것과 다르지 않다.

이번 주 몇 번 나왔어?

이제 주일학교 교사가 아닌 한 성도의 입장에서 교회 생활을 돌아보자. 교회가 하나님의 이름으로 부지런히 가르치는 것이 무엇인가? 또 영적 지도자나, 주위의 성도들이 당신에게 바라거나 기대하는 것이 무엇인가? 당신이 교회에서 가장 자주 듣는 말은 무엇인가? 아마도 그것이 교회가 당신에게 가르치려는 내용일 것이다. 성경공부 경험을 떠올려 보라. 매주 함께 모여 성경을 배워 가는 동안 리더가 당신에게 가장 원하는 것이 무엇이라고 느꼈는가? 혹 "한 명도 낙오되지 않고 성경공부를 무사히 잘 마칩시다" 이런 것은 아니었는가? 성경공부를 통해 일어난 변화는 미미하더라도 참여하려는 열의 자체를 대견하게 여기고 거기에 만족하지 않았는가. 배운 내용을 되새기고 그대로 살기보다는 다음 모임에 빠지지 않고 참석하는 것을 더 소중하게 여기지는 않았는지 말이다.

이런 문제는 성경을 대하는 태도에서도 볼 수 있다. 예를 들어 어떤 출판사에서 에베소서가 빠진 성경을 판매한다고 하자. 난리가 날 것이 분명하다. 아무도 그런 성경을 들고 다니려 하지 않을 것이다. 이단적인 성경이니 절대 사지 말라고 경고하면서. 하지만 성도들 가운데 정작 에베소서에서 무슨 이야기를 하고 있는지 아는 이들이 몇이나 되는가. 나아가, 에베소서를 읽고 생각과 삶에 변화가 생긴 이들을 찾아보라. 그 수가 극히 미미할 것이다. 기독교인이라면 누구나 성경을 중시한다. 하지만 성경 안에 쓰인 내용에 관해서는 그만한 관심을 기울이지 않는다. '성경적'이라고 부르기 좋아하는 우리의 신앙생활이 실제로는 성경과는 거의 무관하다는 의미이다.

전도의 경우에도 비슷한 문제가 발견된다. 전도는 자신이 깨닫고 받아들인 복음을 전해 주는 것이다. 복음을 설명하려면 자신이 그것을 이해하고 있어야 한다. 내가 무엇을, 어떻게, 왜 믿는지 말할 수 있어야 한다. 또 그 복음이 제시한 삶을 살아야 한다. 그러므로 전도란 자신이 예수 그리스도를 알고 있으며, 그의 생명을 가졌음을 스스로 확인하고 남에게 나타내는 적극적인 신앙고백이다.

그러나 오늘날 많은 전도가 이런 신앙고백 없이 행해지고 있다. 전도지를 한 묶음 들고 나가 지나가는 사람에게 나눠 주거나 교회에서 만들어 준 초청장을 친한 친구들에게 전해 주기만 하면 된다. 전도 대상자의 마음을 얻고 호감을 일으키도록 친절과 관심을 덧붙이는 정도이다. 교회는 전도를 '누구나', '쉽게', 신앙고백 없이도 할 수 있는 평범한 일로 전환시켜 놓았다. 그래서 자신이 무엇을 믿는지 모르는 사람도 시간만 투자하면 전도를 할 수 있는 여건이 형성되었다. 전도의 수월성을 높인 것은 좋지만, 성도들은 내가 믿는 것이 무엇인지 재확인할 수 있는 중요한 배움의 기회를 잃어버렸다.

교회가 성도들에게 가르치는 내용은 대개 '기도하라', '성경을 읽으라', '전도하라' 이 세 가지로 정리된다. 성도들은 이 세 가지 '계명'에 길들여진 나머지, 성경을 읽으면 기도를 열심히 하라든지 전도하라는 명령만 눈에 들어온다. 매일 성경을 읽게 해달라고 기도하고, 또 전도할 수 있게 해달라고 기도한다. 전도를 잘하려면 기도와 성경 읽기가 중요하다고 강조한다. 결국 이 세 가지 계명만으로 신앙이 형성되는 것이다. 기도와 성경 읽기와 전도는 중요한 활동이다. 그러나 이런 활동 자체가 신앙은 아니다. 이 세 가지를 꾸준히 하도록 만드는 것이 교회의 교육이라고 인식할 때 교회의 가르침은 피상적이고 단순해진다.

책의 첫머리에서 말한 헬스장을 떠올려 보자. 건강을 회복하고 증진하기 위해 헬스장을 다니는 것은 맞지만, 헬스장에 얼마나 자주 나가느냐가 곧 건강의 척도가 될 수는 없다. 운동하러 온 이들이 탁자에 앉아 '너 이번 주 몇 번 나왔어?'라는 이야기만 나누거나, 기구만 만지작거리고 바닥 청소만 하다가 돌아가면 어떻게 될까? 집에 돌아가서는 과식을 하고 스트레스를 받으며 불규칙한 생활을 하면 어떻게 되겠는가? 헬스장 가는 날짜만 열심히 체크하면서 말이다. 말로는 '헬스, 헬스'를 외치지만 몸은 허약해지고 말 것이다. 우리의 신앙도 마찬가지이다. 열심히 교회 활동에 참여하지만 신앙은 깊어지지 않을 수도 있다는 사실을 자각해야 한다. 엄청난 인적·물적 자원을 동원해 프로그램을 진행하지만 성도들의 신앙은 별 진전 없이 맴돌고 있을 수 있다. 말씀을 듣기만 하고 실천하지 않는 것도 문제이지만, 무엇을 실천해야 할지 제대로 들은 바가 없다는 것이 더 큰 문제이다.

가르침의 원형

그렇다면 교회는 무엇을 가르쳐야 할까? 예수 그리스도와 그의 제자들로 이루어진 최초의 교회에서 그 가르침의 원형을 찾을 수 있다. 예수께서는 가르치는 분이셨다. 그분은 사람들에게 아버지 하나님과 그의 나라를 가르치셨다. 그의 가르침은 지금도 그렇지만 당시 사회 분위기에서 신선하고 놀라운 것이었다. 사람들은 그의 말에 매료되었고 그를 만나러 몰려들었다. 그의 말은 매력적이면서 파격적이기도 했다. 그의 말에 반대하거나 분노를 느끼는 사람들도 많았다. 우리는 그 가르침의 내용들을 복음서에서 만날 수 있다.

현대 교회는 사회를 흔들었던 예수의 가르침을 소홀히 취급하는 경향이 있다. 예수께서 달리신 십자가가 우리에게 구원을 준다고 믿으면서, 예수께서 하신 말씀에는 깊은 관심을 두지 않는다. 심지어는 예수의 말씀을 생명을 주지 못하는 율법과 마찬가지로 취급하는 실수를 범하기도 한다. 또는 너무나 이상적이고 고상한 가르침이어서 죄인인 우리가 그렇게 살기를 기대한 것은 아니었다고 쉬이 단정해 버린다. 그러나 예수께서 자신을 믿으라고 하셨을 때 이는 자신의 말에 반응하라는 의미였다. 예수께서 하신 말씀에 귀 기울이지 않는다면 그의 죽음과 부활을 이해할 수 없다. 그의 죽음과 부활로 주어지는 새생명의 내용이 무엇인지, 그 새 생명을 어떻게 받아들일 수 있는지, 그것이 우리를 어디로 이끄는지 알려면 반드시 예수의 삶을 보고 그 말에 귀를 기울여야 한다.

예수께서 떠나신 후, 예수의 제자들로 이루어진 교회는 무엇을 가르치고 배웠을까? 죽어서 좋은 곳에 가는 방법이었을까? 더 많은 사람들을 교회로 불러오는 방법이었을까? 기도회를 인도하는 방법이었을까? 성경을 몇 장이나 읽었는지 조사하려고 했을까? 아니다. 제자들은 그들이 예수께로부터 듣고 배운 것을 가르쳤다. 복음서가 기록된 이유도 그것이다. 또 성도들이 자신에게서 배우도록 자신의 삶을 보여 주었다. 그러면서 말했을 것이다. "여러분도 우리처럼 예수께서 가르친 대로 사십시오." 바울은 고린도 성도들에게 실제로 이렇게 말했다 고전 11:1.

그러므로 교회는 일차적으로 예수께서 제자들에게 가르치셨던 내용을 교회의 가르침으로 삼아야 한다. 그리고 예수의 가르침에 따라 반응하고 움직여야 한다. 오늘날 교회가 알맹이 없는 메시지를 반복하며 종교적 형식만을 유지하는 데 급급한 이유는 예수의 가르침을 진지하게 받아들이지 않기 때문이다. 예수를 믿는 것과 그의 말을 따르는 것을 분리시켜 놓았기 때문이다.

진리를 체험하는 교회

만일 교회가 진지하게 예수의 가르침을 받아들인다면 어떤 변화가 일어날지 상상해 보자. "너희가 사람의 잘못을 용서하지 아니하면 너희 아버지께서도 너희 잘못을 용서하지 아니하시리라" 마 6:14, "우리가 우리에게 죄 지은 모든 사람을 용서하오니 우리 죄도 사하여 주시옵고" 눅 11:4, "만일 하루에 일곱 번이라도 네게 죄를 짓고 일곱 번 네게 돌아와 내가 회개하노라 하거든 너는 용서하라" 눅 17:4.

남을 용서하지 않으면 우리 역시 용서를 받지 못한다고 언급될 만큼 용서에 대한 가르침은 지엄했다. 예수를 따르는 교회라면 가르치는 내용도 이와 같을 것이다. 용서하는 기도가 우리의 주된 기도가 되며, 교회의 일원이 되겠다고 결심하는 것은 곧 용서의 삶을 시작해 보겠다는 다짐과도 같을 것이다. 교회의 지도자들은 성도들이 용서하는 삶을 살고 있는지, 보복과 응분의 삶을 살고 있는지 돌아

보게 될 것이다. 용서하지 못하고 여전히 분노를 품고 있는 성도들을 어떻게 도울 수 있을지 고민할 것이다. 용서의 경험이 교회의 간증이 될 것이다. 용서하는 자가 다른 사람을 가르치는 선생이 되고 교회의 지도자가 될 것이다. 이유는 단순하다. 예수께서 하나님을 알고 자신을 믿는 자의 두드러진 특징이 '용서'라고 가르쳤기 때문이다.

그러나 용서하라는 계명 자체가 이런 변화를 만들어 내지는 못한다. 예수께서 말하는 용서는 우리를 향한 하나님의 용서를 그 기반으로 한다. 예수의 말씀은 스스로 용서의 삶을 개척해 보라는 것이 아니라, 이미 여기에 존재하는 용서와 은혜의 세계, 하나님의 나라로 들어오라는 초청이다. 이 하나님의 나라에서 하나님의 용서를 받아들이고 매일 새롭게 용서를 체험할 때, 우리 안에 남을 용서할 수 있는 힘이 생겨난다. 교회는 바로 이 능력을 경험하고 이 능력 안에 머물기 위해 하나님의 말씀을 묵상한다.

묵상은 행동을 낳고, 행동은 새로운 깨달음을 준다. 교회는 우리를 용서하신 하나님을 깊이 알아 감으로써 용서하는 삶으로 나아가지만, 한편으로는 다른 사람을 용서하고 나서야 비로소 우리가 하나님께 용서받았다는 의미가 무엇인지 강렬히 체험하게 된다. 이것은 용서를 받는 것에만 머물지 않고, 기꺼이 남을 용서하기를 시도하는 이들이 누리게 되는 특별한 은총이다.

남을 용서하는 좁은 길은 불편하게, 거북하게 느껴지지만, 일단 그 길로 들어선 이들은 하나님이 베푸시는 더 큰 용서를 경험하고 증오로부터 해방되어 진정한 자유를 누리게 된다. 예수의 가르침이 욕망을 억누르고 행동을 규제하는 멍에가 아니라 자유롭게 하는 진리임을 깨닫는다. "우리의 구원자이신 예수"라는 말은 교회가 매일 체험하는 살아 있는 진리가 되는 것이다.

교회가 예수 그리스도의 가르침을 소중히 여기며, 그것이 진리임을 믿고 충실하게 가르치고 행할 때, 이런 일이 일어날 것이다.

매일 읽고, 배우고, 묵상하고, 적용하고, 시도하고, 나누고 싶은 이야기가 풍성해진다. 바울이 말한 것처럼, 평생을 달려도 그 푯대에 얼마만큼이나 도달할 수 있을까 조바심이 날지도 모른다빌 3:10-14. 예수의 가르침을 따르는 교회는 그 외의 다른 프로그램에 시간과 마음을 쏟을 여유가 없다.

'내가 너희에게 분부한 모든 것'이 뭐였죠?

예수께서 제자들에게 남긴 다음 말씀은 가장 중차대한 명령, 즉 '지상(至上)명령'이라고 불린다. "하늘과 땅의 모든 권세를 내게 주셨으니 그러므로 너희는 가서 모든 민족을 제자로 삼아 아버지와 아들과 성령의 이름으로 세례를 베풀고 내가 너희에게 분부한 모든 것을 가르쳐 지키게 하라"마 28:18-20.

제자양육에 힘쓰는 교회나 선교단체가 자주 인용하는 말씀이다. 이 말씀에 따르면 제자를 삼는 일에는 가는 것과, 세례를 베푸는 것, 그리고 가르치는 것이 포함되어 있다. 그러나 이 말씀에서 자주 간과되는 것은 '예수께서 제자들에게 분부한 모든 것', 즉 예수께서 가르친 내용이다.

나는 대학 4년간 선교단체에 있었는데 거기서도 같은 상황에 봉착했다. 예수께서 제자들에게 무엇을 가르쳤는지 거의 배우지 못한 것이다. 몇 개의 얇은 책자들로 이루어진 성경공부와 몇 단계의 훈련코스를 통과하는 것이 선교단체에서 배운 것의 거의 전부였다. 예수의 십자가와 부활의 의미를 말할 줄 알고, 혼자서 기도하고 성경을 읽는 습관이 생기면 대략 기본은 갖추었다고 여겨 그때부터 다른 사람을 제자 삼기 시작했다. 나는 '예수께서 제자들에게 분부한 것'을 배우지도 않고 행하지도 않으면서도 스스로를 예수의 제자라고 여겼고, 다른 사람을 나와 같은 사람으로 만들려고 애썼다. 지금 생각해 보면 나의 선교활동이란 아무 내용 없는 백지를 자꾸 복사하는 것과 다름없었다.

제자인가 전공자인가

여기 자신을 '소크라테스의 제자'라고 자처하는 사람이 있다고 하자. 우리는 그에게서 묘한 신비감과 모종의 부러움을 느끼게 될 것이다. 또 소크라테스의 정신으로 볼 때 오늘의 정치적·경제적 상황을 어떻게 해석할지도 궁금하다. 어떤 직업을 택할지도 궁금하고, 또 누구와 결혼을 하며(소크라테스처럼 악처를 둘지도 모를 일이다) 자녀 교육은 어떻게 할지도 궁금할 것이다. 아이들을 시골에서 키울까? 대학 교육은?

그런데 그가 입을 열기를, 소크라테스는 언제 어떤 집안에서 태어났고, 가정 형편은 어떠했으며, 어떻게 학문을 배웠고, 어떤 이와 친하게 지냈다는 에피소드만 늘어놓는다면 어떨까. "그런 이야기야 제가 도서관에서 책을 뒤져 봐도 알 수 있는 것들이겠지요. 그보다도 당신의 인생철학 좀 들어봅시다. 당신이 가장 중요하게 여기는 것은 무엇입니까?" 이런 질문에 그가 답한다. "인생철학이라뇨, 제가 뭐 아는 게 있겠습니까? 그냥 남들처럼 먹고사는 거지요. 사실 한동안 쪼들리며 지냈는데 이번에 아파트 하나를 싸게 분양받아서 다행입니다. 그전에는 그렇지 않았는데 소크라테스의 제자가 되고 나니까 제법 운도 따르는 것 같더군요. 하하하. 당신도 혹시 그의 제자가 되고 싶은 생각이 있습니까?" 그의 말은 우리를 실망시킨다. '소크라테스의 제자'라는 그의 타이틀이 전혀 어울리지 않는다. 차라리 '소크라테스 전공자'라면 모르겠지만.

소크라테스의 제자라면 그의 사상과 철학과 삶을 배운 사람이어야 한다. 그의 가르침을 어느 무엇보다도 중히 여기고 따르는 사람 말이다. 제자에게서는 그 스승의 존재감이 풍겨야 정상이다. 우리는 소크라테스와는 비교도 할 수 없는 한 인물을 스승으로 삼았다. 예수의 제자라면, 예수에게서 배우는 것이 우선순위가 되어야 한다. 배우는 만큼 그의 생각과 정신과 삶을 닮아 가야 한다. 게다가 우리는 그의 영을 우리 안에 모시고 있는 사람들이다. 예수를 닮는다는 것은 그의 도덕적 성품은 물론 자기 이해 방법, 공부와 직업에 대한 관점, 결혼에 대한 태도, 정치를 보는 시각, 인생과 죽음에 대한 이해에 영향을 미친다는 뜻이다. 예수의 삶이 우리의 삶이 될 때 세상 사람들은 예수에게서 그랬듯, 제자들에게서 호기심을 느끼며 예수의 존재감을 조금이나마 맛보게 될 것이다.

교회는 예수 아래 모이고, 예수를 배우는 공동체이다. 이 세상의 참된 스승은 오직 예수 그리스도라고 믿고, 그 위에 인생의 뿌리를 내리는 이들이 교회이다. 그래서 교회의 교회다움은 얼마나 '예수다운가'로 평가된다. 우리가 진정 예수의 공동체라면, 예수를 배우는 데 전력을 쏟아 보자. 예수를 따르고, 그를 닮아 가는 것을 교회가 추구하는 핵심, 아니 유일한 길로 삼자. 그럴 때 교회가 하는 일들의 우선순위가 재정립될 것이다.

6.
우리끼리
주고받는
영광

교회가 성도들의 수고를 인정하고 격려해 주는 것은 당연하다. 그러나 그것을 사역의 동기로 삼게 만들면 안 된다. 성도들이 다른 이들의 시선을 의식하고 그들의 칭찬을 위해 일할 때, 성령께서 일하실 공간은 점점 줄어든다.

성도의 봉사는 하나님의 것

어느 정도 규모가 되는 교회라면 예배부, 새신자부, 교육부, 선교부, 홍보부, 전도회 등 여러 부서들이 있고, 각 부서는 크고 작은 일들을 계획하고 추진한다. 교회의 규모가 작으면 일할 사람을 찾기 어렵고, 큰 교회는 또 그만큼 할 일도 늘어나니 어디서든 일할 사람이 부족하다. 여기서는 교회 내에서 일이 이루어지는 방식을 살펴보려고 한다.

한 교회가 하는 일의 양과 다양성은 중견기업의 업무에 못지않을 것이다. 기업체는 제품 개발, 생산, 영업, 재정관리 등 업무를 해내기 위해 전문성을 가진 사람들을 고용한다. 그들에게 매달 월급을 주고, 그들로부터 성실한 노동을 기대한다. 일의 양이 많아지면 더 많은 사람을 고용함으로써 비교적 쉽게 문제를 해결할 수 있다.

그런데 교회는 할 일이 많아도 월급을 줄 수는 없다. 성도들이 자발적으로 참여해서 무보수로 일하기를 기대하는 입장이다. 보수를 받지 않고도 기꺼이 일하려는 사람들이 존재하는 것은 기업체라면 상상하기 어려운 일이다. 그런데도 일을 맡겠다고 나서는 사람이 있고 심지어는 서로 경쟁하기까지 한다.

이것이 가능한 이유는 하나님을 향한 성도들의 헌신이 있기 때문이다. 하나님께서 원하시는 일에 참여함으로써 자신을 하나님께 드리고자 하는 마음이 교회 봉사의 근본 동기이다. 이 자발적 무보수의 봉사 정신은 교회를 다른 단체와 구별되게 하는 아름다운 정신이다.

무보수 원칙은 역으로도 성립한다. 교회 역시 돈이나 대가를 받지 않고 성도들을 돌보고 있기 때문이다. 돈을 내지 않고도 무엇을 배우거나 강의를 들을 수 있는 곳은 교회 외에는 많지 않을 것이다. 성도들이 교회에 헌금을 하고 있기 때문에 무보수가 아니라고 주장할 수도 있겠지만, 성도들의 헌금이 교회 사역에 대한 보상 개념은 아니다. 헌금은 설교를 듣기 위한 수강료 개념도 아니고, 교회가 해 준 사역에 대한 감사의 표시도 아니다. 교회는 성도를 위해 봉사하고, 성도는 교회가 수행하는 일에 참여하면서 서로 간에 대가 없이 봉사를 주고받는다. 이는 우리가 믿는 하나님이 대가를 요구하지 않고 거저 주시는 분이라는 경험을 바탕으로 이루어진다. 교회가 말씀을 가르치면서도 대가를 요구하지 않는 것은 그 말씀이 교회의 자산이 아니라 하나님의 것이기 때문이다. 그래서 하나님으로부터 거저 받은 복음을 거저 전해 준다. 성도들 또한 하나님으로부터 거저 받은 은혜에 반응하여 몸과 시간을 무보수로 내어 드린다. 제자들이 병든 자를 고치거나 죽은 사람을 살려 내더라도 사례를 받지 않았던 것처럼, 예수께서 제자들을 보내시면서 "너희가 거저 받았으니 거저 주라" 하신 말씀처럼, 참된 사역과 봉사의 정신은 거저 주는 데 있다.

성도가 봉사에 참여하는 동기는 교회 조직에 대한 충성심이나 목회자에 대한 애정보다는 하나님과의 관계에서 나온다. 해당 교회나 목회자가 마음에 들어서 지지하는 차원이 아니라 하나님을 바라보고 참여한다는 의미이다. 그들의 일은 교회 조직이 아니라 하나님께 드려지는 것이다. 이는 성도들로부터 나오는 노동력의 주권이 교회 조직이 아니라 하나님께 있다는 의미이다. 따라서 교회는 노동력의 소유자이신 하나님으로부터 노동력을 빌려 쓰는 것과 다름없다.

보상받는 봉사

교회에서 볼 때 하나님의 노동력은 무료이지만 마음대로 쓸 수 있는 것은 아니다. 노동력이 제때 공급이 안 될 수도 있고, 별로 중요하지 않은 영역에 사람들이 쏠리는 경우도 있다. A 부서에 2월에는 20명, 6월에는 15명, 이런 식으로 배치하기가 힘들어진다. 예측이나 조작이 어려운 것이다.

이미 연초에 1년 계획을 다 짜놓았고, 각 프로그램마다 목표까지 정해져 있는데 이렇게 통제가 안 되는 노동력을 가지고 교회 운영을 한다는 것이 쉽지 않을 수 있다. 이런 상황에서 교회가 시도하는 방법 중 하나는 하나님이 제공해 주시는 노동력을 앉아서 기다리기보다 직접 성도들을 설득하는 것이다. 기업처럼 물질적 보상을 제시하는 것은 불가능하지만 교회가 줄 수 있는 것이 있다. 그것은 '명예'이다. 많은 교회들이 다양한 기회를 통해서 사람들을 칭찬하고 명예롭게 대함으로써 금전 대신 다른 것으로 보상하려고 애쓰고 있다. 칭찬과 존경 그 자체가 나쁜 것은 아니며, 교회 안에서는 당연히 봉사하는 사람들에 대한 격려가 필요하다. 그러나 그 칭찬이 어떤 목적으로 행해지고 있으며, 성도들의 의식에 어떤 영향을 미치고 있는지에 대해 교회는 늘 깨어 있어야 한다.

봉사나 사역, 심지어 신앙의 영역이 그런 상과 연결될 때 성도들은 쉽게 유혹되곤 한다. 하나님을 바라보고 하나님을 위해서 일하던 사람들이 이제는 사람의 시선을 의식하고 사람이 주는 상을 목적으로 일하게 된다. 그럴 때 봉사의 참된 의미는 사라진다. 하나님과 다른 성도를 위한 봉사가 명예를 얻고 자신의 욕망을 채우는 수단으로 바뀌는 것이다.

사람을 보고 일할 때

나는 주일학교 예배실 벽에 출석표가 붙어 있는 교회에서 자랐다. 예배에 출석할 때마다, 친구를 전도할 때마다, 성경 구절을 외울 때마다 스티커가 하나씩 붙는다. 성적이 낮다고 야단치는 선생님도 없고, 우수한 성적을 뻐기고 다니는 아이들도 거의 없겠지만 벽에 붙은 성적표는 '부끄럽지 않으려면 신앙생활을 열심히 하세요'라고 말하는 표어와도 같다. 학생뿐만 아니라, 선생님도 맡은 반의 실적을 보면서 압력을 받는다. 어떻게 더 많은 아이들을 출석시킬 수 있을까, 어떻게 더 많은 스티커를 붙일 수 있을까 고민하다 보면 아이들의 내면에 대한 관심은 줄어들기 쉽다.

아이들의 신앙 성적은 물질로도 보상을 받는다. '달란트 시장'이 대표적인 예이다. 교회가 인도한 대로 잘 순응한 어린이는 달란트를 손에 쥐고 원하는 물건을 사게 되지만, 그렇지 못한 아이들은 다른 아이들을 보면서 주눅이 들게 된다. 말씀을 깨닫는 것보다는 출석횟수가, 친구를 사랑하는 것보다는 교회에 오도록 유도하는 것이, 하나님 앞에서 드리는 은밀한 기도보다는 기록에 남는 기도를 하는 것이 강조되는 것이다. 마지막 날에 주님이 오셔도 비슷한 기준을 적용할 것이라고 아이들이 지레 짐작하지 않을까? 마음으로 하나님을 예배하든 하지 않든 출석만 하면 기본은 갖춘 것이고, 말씀대로 살지 않더라도 일단 암송만 하면 좋은 신앙이라고 생각해 버리는 위험 말이다. 하나님께서 각 사람의 은밀한 것들과 보이지 않는 것들을 심판하시는 분이라는 것을 제대로 전달할 수 있을까?

어른들도 마찬가지다. 연속 새벽기도회나 부흥집회가 있을 때 복도에 출석표를 커다랗게 붙여 두고선 몇 회나 참석했는지 표시하는 경우가 있다. 각 부서의 실적을 나란히 비교하는 경우도 흔하다. 참석한 인원, 헌금액, 전도자 수 등이 정리된 표는 실적 칸을 채우는 것이 우리의 임무라고 말하고 있다. 그런 표를 받아 든 책임자의 마음은 혼란스러워진다. 단지 실적을 채우기 위한 목적으로 전화를 걸어 일을 맡기거나 참석을 부탁하는 것이 얼마나 불편한 일인지 해 본 사람은 알 수 있을 것이다. 상대방에게 이렇게 말하는 것과 다름 없다. "좀 도와주세요. 제 체면이 말이 아닙니다." 교회의 봉사와 사 역 중 상당 부분이 이런 '체면 세우기'라는 동기로 가동되고 있지 않 은가.

아직 성숙하지 않은 성도들은 교회의 칭찬과 인정이 곧 하나님 의 그것과 동일하다고 착각하기 쉽다. 교회가 추진하는 일이 곧 하 나님의 일이라고 여기게 된다. 그리고 하나님께 자신의 시간과 열정 과 물질을 드리는 것과, 조직의 요구에 응하는 것의 차이를 구분할 수 없는 지경에 이르게 된다.

바리새인이 추구한 영광

신앙생활과 봉사의 동기는 중요한 문제이다. 하나님께서는 우리 가 '무엇을' 하는지 못지않게 '왜' 하는가를 보신다. 예수께서는 바 리새인들의 외식, 즉 행동의 동기와 태도를 강하게 나무라셨다. 하나 님을 만나고 싶다면 길에서 기도하지 말고, 골방에 들어가서 기도하 라고 하셨다. 또 선한 일을 남에게 알리지 말라고 하셨다. 사람들에 게서 인정받고 상을 받아 버리면 하나님 앞에서는 받을 상이 없다 고 하셨다.

복음서는 바리새인과 예수의 첨예한 갈등을 보여 주는 데 많은 지면을 할애하고 있다. 바리새인은 당시 사회가 인정한 모범적인 신 앙인이었다. 하나님을 잘 알고 그의 말씀을 지키는 것보다 더 중요한

것은 없다고 철두철미하게 믿을 뿐 아니라 실천하려고 애썼다. 그러
나 결국 예수를 대적하고 하나님의 은혜에서 가장 먼 사람들이 되
고 말았다. 역설적이지 않은가. 하나님께 그토록 헌신적이던 이들이
어찌 자기 앞에 서 있는 하나님의 아들을 알아보지 못했을까?

많은 설교자들은 그들이 율법만 잘 지키면 되는 줄 알고 어리석
게도 은혜의 복음을 거절했다고 그 이유를 설명한다. 그런데 예수께
서 하신 말씀은 더 본질적인 이유를 설명해 주고 있다. "너희는 너
희끼리 영광 받는 것을 좋아하면서도, 하나님께로부터 오는 영광
을 얻는 일에는 힘을 쓰지 않으니, 어떻게 나를 믿을 수 있겠느냐?"

요 5:44, 쉬운 성경

하나님이 주시는 영광보다 사람들끼리 주고받는 영광을 더 열심
히 추구하고 있음을 간파하신 것이다. 그들이 율법을 열심히 지키고
규칙에서 어긋나지 않으려고 애썼던 마음 가운데에는, 그런 철저한
신앙을 통해서 사람들의 존경을 얻고 종교적·사회적 지위를 유지하
려는 동기가 자리 잡고 있었던 것이다.

'외식'이란 어떤 일을 할까 말까 결정할 때, "하나님께서 무엇을
원하실까?"보다는 "이 일을 하면 사람들이 나를 어떻게 생각할까?"
라고 묻는 태도이다. 사실 인간이라면 누구나 갖고 있는 성향이다.
그런데 이것이 예수로부터 등을 돌리는 결정적인 원인이 될 수 있다
는 말이다. 바리새인들이 예수의 말을 들을 때 "이 말씀이 정녕 하
나님으로부터 오는 말씀일까?"라고 물었다면 그들은 자신 앞에 서
있는 진리를 알아보았을 것이다. 그런데 "이 낯선 사람의 등장은 나
를 더 영광스럽게 해줄까, 그 반대일까?"라고 물은 것이다. 그들은

예수라는 존재가 그들이 지금까지 구축해 놓은 종교적 체계, 지위와 명성에 치명적이라고 판단했고, 예수를 몰아내었다.

우리도 예외가 아니다. '모임에 빠지지 않고 참석하면 목사님께서 나를 무척 자랑스러워하실 거야.' '지금 이런 말을 하면 사람들이 나를 교만하다고 생각할지 않을까? 그냥 입을 다무는 게 낫겠어.' 이렇게 다른 사람의 반응에 대한 관심이 나의 말과 행동을 결정하는 기준으로 자리 잡을 때 우리는 바리새인처럼 사람의 영광을 구하게 된다. 그리고 그런 태도가 우리의 인격으로 굳어져 가면 판단과 마음을 흐리게 되며, 영적 생명까지 위태롭게 만들 수 있다. 사람이 주는 영광을 추구하는 사람에게는 예수라는 존재가 불필요할 뿐 아니라, 큰 걸림돌이 된다. 예수의 길은 사람들의 환호를 받는 길과 반대편에 놓여 있기 때문이다. 교회 조직이 주는 영광에 집착하게 되면, 외적으로는 열렬한 예수쟁이가 되더라도 내적으로는 예수께서 가르치신 삶의 방식을 받아들일 수 없다. 교인들의 칭찬을 받고 교회 발전에 큰 도움을 준 인물로 존경받을지는 몰라도, 예수는 믿지 않는 사람으로 남아 있을 수 있다.

생명은 조작할 수 없다

보이지 않는 하나님의 뜻을 좇아 움직이는 훈련은 교회가 성도들에게 가르쳐야 할 중요한 삶의 방식이다. 그렇기에 교회는 성도들의 사역과 봉사의 동기를 조심스럽게 다루어야 한다. 계획된 사역을 성공적으로 치르는 데만 급급하지 않고, 성도들의 내면을 살펴야 한다. 가장 중요한 사역은 성도들을 '데리고' 하는 어떤 일이 아니라, 성도들을 온전하게 '세우는' 일이기 때문이다. 사역을 수행하는 방식뿐 아니라 사역의 방향을 결정하는 데서도 마찬가지의 원리가 적용된다. 목회자는 성도들에게 "하나님께서는 이것을 원하시는 것 같습니다"라고 말해야 할 때도 있지만, "하나님께서 여러분에게는 무어라고 말씀하십니까?"라고 성도들에게 묻기도 해야 한다. 한 사람의 지시에 일사분란하게 움직이는 군대의 속성을 하나님의 교회에 적용하는 것은 옳지 않다.

한 교회의 연초 설교 가운데 이런 말을 들은 적이 있다. "올해 계획이 무어냐고 묻는 사람들이 있는데, 우리 교회의 계획은 따로 계획을 하지 않는 것입니다." 계획을 하지 않는 교회라니, 신선한 발상이었다. 소수의 사람들이 모인 자리에서 그 목회자는 다시 한 번 '무계획'의 의미를 설명했다. "주님이 교회를 어떻게 이끌어 가실지 모르는데 우리가 어떻게 맘대로 계획을 세우겠습니까?" 그런 방침 때문인지, 교회 내의 많은 교육과 훈련 과정이 소수의 지도자들이 계획하고 주도하는 방식이 아니라, 뜻을 가진 성도들이 제안하고 참여하는 방식으로 운영되었다. 그리고 거기엔 더 큰 역동성과 유연함이 있었다. 이런 모습이 교회의 온전한 모습에 더 가깝다고 여겨진다.

성령을 따르는 교회라면 기업체처럼 일정을 운영하기 어려울 것이다. '3년 후 구역 배가 확장', '성경공부 수료자 100명 확보' 등 정량적인 목표와 거기에 맞춘 세부 계획으로 성도들을 이끌 수 없다. 운영에 있어서 교회는 일반 사회조직과 다른 접근이 필요하다. 볼 수도 없고 만질 수도 없는 성령을 의지하며 살아가겠다고 한 것은,

인위적인 조작을 포기하고 하나님께서 여시는 불확실한 미래를 받아들이겠다고 선언한 것과 같다.

교회는 영적 생명체이다. 생명체는 자신의 몸을 계획적으로 조작하거나 변화를 임의로 만들어 내지 못한다. 어떤 생명체가 자신의 몸을 바라보며 1년 후에 꼬리를 만들고, 5년 후에는 키 1미터를 넘기겠다고 매일 다짐한다면 우스꽝스러운 일이 될 것이다. 생명체가 선택할 수 있는 최선의 길은 순리대로 사는 것이다. 좋은 음식을 먹고, 적당한 운동을 하고, 적합한 환경에서 살면서 언제 어떤 방식으로 변화되고 어떻게 자랄 것인가에 관해서는 창조주의 손에 맡겨 두고 말이다.

언제 어떻게 확장되고 부흥하며 조직을 어떤 식으로 정비해야 하는가에 지나치게 관심을 기울이고 계획을 세울 때 생명이라는 본질을 잃어버릴 수 있다. 교회의 안팎에서 일어나는 변화와 과정은 '교회의 부흥과 발전'이라는 조직적 측면이 아니라 사람들에게 '생명'을 불어넣으시는 성령의 활동에 초점을 맞추어야 한다. 조직의 번영과 부흥이라는 이데올로기를 내세워 성령께서 행하시는 일을 해석하거나 제어하려 해서는 안 될 것이다. 성령께서는 우리의 소원과 달리 교회 조직의 부흥을 위해 봉사하지 않으신다. 그분은 조직이 아닌 사람들을 위해 일하시며, 예수 생명을 불어넣는 데 모든 에너지를 사용하신다. 그분은 필요에 따라 교회 조직을 사용하실 뿐이며, 때로는 조직을 변형시키거나 폐기하실 수도 있다. 교회 조직은 성령께서 행하시는 이 사역을 위해 존재한다.

7.
보리떡을
못 돌려받는
복

손을 댄 일마다 잘 풀리고 다른 사람보다 더 많이 소유하며 더 높은 자리에 오르는 것이 복인가? 세상은 그렇다고 하지만, 기독교는 그렇지 않다고 대답한다. 복에 관해서 기독교는 이 세상에 중요한 메시지를 던진다. 교회는 세상의 가치에 역행하는 이 메시지를 회복해야 한다.

묻지마 성공

"부자 되세요." 한때 이 인사말이 크게 유행했다. 식당과 마트, 백화점마다 이 문구가 내걸렸다. 새해 덕담으로도 인기가 많았다. 지금은 이 인사가 사그라졌지만, 부에 대한 관심이 줄지는 않았다. 부와 성공에 대한 열망은 사람들의 정신을 강하게 사로잡고 있다. 어쩌면 모든 이가 공통으로 추구하는 당연한 것이 되었기에 그런 인사가 사라진 것인지도 모른다. "오늘도 숨 잘 쉬세요"라고 인사하지 않는 것처럼 말이다.

좋은 직업을 얻고, 일에서 보란 듯이 성공하고, 많은 수입을 벌어들이는 것이 사람들의 주된 관심사요, 굳이 말하지 않아도 되는 인생의 목적이 된 것 같다. 성공을 향한 질주에서 우위를 점하려면 어려서부터 앞서가야 한다는 믿음이 강박관념처럼 자리 잡았다. 배속 태아들은 머리가 좋아지는 태교를 받는다. 아장아장 걷기 시작하면서 손에 쥐게 되는 장난감이나 교구는 영재 교육 전문가들이 추천한 것들이다. 어린이집을 갈 때가 되면 어디서 조기교육을 제대로 시킬 수 있을지 젊은 엄마들이 열띤 토론을 펼친다. 중학교, 고등학교를 거치면서 아이는 부모와 교사의 빈틈없는 훈련 프로그램에 의해 양성된다. 그리고 운동선수가 메달을 꿈꾸며 올림픽 경기에 출전하듯, 비장한 각오로 대학입학시험을 치른다.

이 세상에 태어나는 갓난아이는 마치 부자 되기 경쟁에 뛰어든 선수처럼 보인다. "우리는 민족중흥의 역사적 사명을 띠고 이 땅에 태어났다"라고 국민교육헌장 초두에 쓰인 글을 "우리는 성공과 부자의 사명을 띠고 이 땅에 태어났다"라고 다시 쓰고 있는 느낌이다. 성공에 대한 열망은 가득하지만, 성공의 정체가 무엇이며 무엇을 위한 성공인지는 명확하지 않다. 성공하는 방법을 말하는 사람은 많지만, 무엇이 성공인지는 여전히 모호하다. 어떻게 돈을 벌 수 있었는지 알려 주는 이야기들은 흔하지만 그 많은 돈으로 무엇을 했는지, 무엇을 하고 싶은지 말하는 이들은 드물다.

성공이란 잘했다고 박수를 받는 것, 매일 아침 여러 사람들의 공손한 인사를 받는 것, 더 넓은 집에서 사는 것, 최신 엔진과 디자인을 갖춘 자동차를 타는 것과 크게 다르지 않아 보인다. 우리는 인생자체보다 훨씬 못한 것을 위해 인생을 송두리째 투자하려 한다. 뚜렷한 의미를 알지 못한 채 성공과 부를 맹목적으로 추구하는 모습에 영적인 현주소가 있다. 바울은 로마서에서 사람들의 어리석음을 말하면서 "썩지 아니할 하나님의 영광을 썩어질 우상으로 바꾸었다"롬 1:23고, "창조주 대신에 피조물을 숭배하고 섬긴다"롬 1:25고 말했다. 하나님을 떠난 사람들이 내적 공허와 불안을 해소하기 위해 하나님을 대신할 것으로 성공과 돈을 찾았다 할 수 있을 것이다.

인간은 원래 온 땅을 다스리는 통치자로 지음 받았다. 그러나 창조주로부터 분리되고 난 후에는 땅을 통치하는 지혜를 잃어버리고 땅의 것을 얻기 위해 발버둥치는 존재로 전락하고 말았다. 그러한 인간이 다시 하나님과의 관계를 회복하고 자기 위치로 돌아가면 어떤 인생을 살게 될까? 부와 성공이라는 허상을 벗어나면 이제 무엇을 목적으로 살아가게 될까? 이 질문에 대답하는 사람들, 참된 인생이란 어떤 것인지 보여 주는 이들이 바로 교회이다.

교회가 전하는 복

교회는 위의 질문에 어떤 대답을 주고 있는가? 교회는 진정한 삶을 찾아 누리고 있는가? 안타깝게도 그렇지 못한 것 같다. 진정한 삶에 대한 진지한 탐구는커녕 '진정한 삶이 무엇인가'라는 질문 자체가 없는 경우도 허다하다. 행복한 삶이란 사업이 잘되고, 나의 영향력이 확대되며, 높은 자리에 오르는 것이라는 세속적 정의를 교회도 그대로 인정해 버렸기 때문이다. 물질보다는 하나님의 영광을 위해 살아야 한다고 말하면서도, 그래야만 하나님께서 더 큰 물질을 주시기 때문이라고 얼른 이유를 갖다 붙인다. 세상과 다른 점이 있다면 목표를 이루는 방법이다. 성적이나 인맥, 요행이 아니라 '하나님의 능력을 통해서' 그 목표를 이룰 수 있다고 교회는 주장한다.

교회는 성경에 자주 등장하는 '복'이라는 단어가 우리가 원하는 '성공'이나 '부'와 비슷한 개념인 것처럼 설명했다. 그리고 그것을 얻는 방법이 성경에 있다고 가르쳐 왔다. 골리앗을 무너뜨린 다윗, 죄수에서 애굽의 총리가 된 요셉, 여리고 성을 무너뜨린 이스라엘 등의 이야기를 우리가 받을 복의 예시로 해석한다. 그들처럼 우리도 하나님의 도움을 받아 어려운 문제를 해결하고, 높은 자리에 오르고, 원대한 목표를 달성할 수 있다고 말한다. 이런 단순한 가르침은 매우 효과적이었다.

한 특정 교단의 교회가 지나치게 현세의 복을 강조한다고 해서 기성 교회들의 많은 비판을 받은 적이 있다. 심지어는 그 교회를 이단이라고 하는 말까지 들렸다. 그런데 그 비판은 지금 사라졌으며, 수많은 기성 교회들이 그 교회의 방식을 모방하여 하나님이 주시는 물질과 명예의 복을 열렬히 선전하고 있다. 그러나 헌신과 복의 예로 자주 거론되는 오병이어의 기적을 보라. 자기 도시락을 기꺼이 예수께 드렸던 그 아이가 얻은 것이 무엇인가? 보리떡 100개나 물고기 50마리를 돌려받았는가? 남은 음식이 열두 광주리나 되었지만 그에게는 한 광주리도 돌아가지 않은 것 같다. 그는 우리의 기대와 달리 부자가 되지 못했다. 소년이 예수로부터 배운 것이란 가진 것을 키우는 비법이 아니라, 멋지게 소모하는 방법이라고 해야 맞을 것이다.

교회는 자기 성도들이 하나님을 잘 믿고 복 받았다는 간증을 자랑스레 선전하곤 한다. 사고가 나서 모든 사람이 다치거나 죽었는데 본인은 말짱히 살아남았고, 경기가 나쁜데도 사업체의 매출이 급증

했으며, 산 지 2년 만에 아파트 값이 두 배로 뛰고, 자녀가 하버드 대학에 장학생으로 들어가고, 어느 날 아침 출근을 해보니 승진을 했더라는 이야기이다. 이런 간증의 초점은 대부분 "어떻게 하면 그런 복을 받을 수 있는가?"로 집중된다. 전능하신 하나님이 우리에게 손을 뻗게 만드는 방법을 묻는 것이다. 그리고 그에 대한 결론은 대체로 새벽기도 빠지지 않기, 십일조 하기, 작정 헌금 완납하기, 목사님 잘 보필하기, 전도 열심히 하기, 어떤 어려움이 있어도 주일 지키기 등이다. 성도 개인이 갖는 복에 대한 집착은 개교회의 부흥에 대한 열망과 묘하게 연결되어 있다. 교회가 수적인 부흥을 추구하며 이를 이루기 위해 다양한 교회 활동을 벌이는 것과 마찬가지로, 성도 개인은 물질적인 번영을 얻기 위해 열심을 다해 신앙생활을 한다. 교회와 성도가 각자의 꿈을 위해 서로 협력하는 셈이다. 그러나 교회가 세속적인 복에 초점을 맞추면 기독교의 근본이 허물어진다. 기독교가 말하는 복은 인간들이 원하는 그것과 이질적인 것으로 드러나기 때문이다. 하나님께서 주시고자 하는 복은 우리들이 생각지 못했던 방식으로 다가온다.

군중을 실망시켰던 예수

고아원이 있었다. 피난길에 부모를 잃어버린 아이들이 모여 사곳이었다. 갓난아이 때부터 고아원에서 자라난 그들은 부모라는 존재 자체를 알지 못했다. 공허함과 외로움이 늘 주변을 맴돌며 낫지 않는 상처와 같이 괴롭히고 있었지만, 그것이 부모의 부재 때문이라는 사실을 알지 못했다.

성탄절이 가까운 어느 날, 선생님이 환한 얼굴로 한 어린이를 불렀다.

"얘야, 놀라운 소식이 있단다. 너희 부모님을 찾았어. 이번 성탄절에 너를 데리러 오신다는구나."

아이는 무슨 말인지 얼른 이해하지 못했다.

"그럼, 저는 여기를 떠나야 하나요?"

"그렇지. 이제는 진짜 집에 가서 사는 거야."

아이의 얼굴이 창백해지더니 목소리가 떨렸다.

"내 침대도 여기 있고, 친구들도 다 여기에 있는데 왜 저만 가야 돼요? 여기를 떠나면 밤마다 선생님이 들려주는 옛날이야기도 들을 수 없잖아요. 그리고 저는 이게 꼭 필요해요. 이게 없으면 잠을 잘 수 없어요."

아이 손에는 콧물과 손때로 얼룩진 낡은 인형 하나가 들려 있었다.

선생님이 아이의 눈을 바라보며 말했다.

"선생님이 보고 싶으면 언제라도 여기 놀러오려무나. 그리고 인형이 꼭 필요하다면 가져가도 좋아. 하지만 넌 이제 그 인형은 던져 버리고 엄마를 껴안고 자게 될걸."

아이의 눈이 커지더니 그렁그렁해졌다. 이내 선생님의 손을 뿌리치고 도망갔다.

"싫어요, 안 갈래요."

하나님은 종종 아버지로 묘사된다. 그러나 이 아버지는 눈에 보이지 않고 만질 수도 없다. 특별한 경우가 아니고선 음성을 직접 들려주시지도 않는다. 기도한다고 해서 우리의 요구를 척척 들어주시지도 않는 것 같다. 우리를 사랑한다지만 무병장수를 보장해 주시지도 않는다. 이런 아버지는 갑자기 고아원을 찾아온 부모만큼이나 불확실하고 막연하게 느껴진다. 사람들은 복을 주시는 '하나님' 대신 하나님이 주시는 '복'에 주목하고 더 많은 관심을 나타낸다.

복을 선택할 것이냐, 하나님을 선택할 것이냐의 갈등은 비단 오늘날의 문제가 아니다. 엄청난 수의 사람들을 배불려 주었던 오병이어의 기적은 겨우 두 번밖에 시행되지 않은 것 같다. 만일 집회 때마다 비슷한 기적을 행하셨다면 얼마나 좋았겠는가? 예수만 따라다니면 매일 고생스럽게 노동을 하지 않고도 먹고살 수 있으리라는 희망을 심어 주었을 테니 말이다. 아마도 몇 달이 못 되어 온 이스라엘이 그를 하나님으로 인정하고 칭송했을 것이다. 예수의 제자들은 '매일 기적이 일어납니다. 오셔서 하늘의 빵을 맛보십시오'라고 쓰인 전단지를 돌릴 수도 있었으리라. 그러나 예수는 그런 광고를 통해 모여든 군중들은 하나님 나라와 아무 관계가 없다고 판단하신 듯하다. 그래서 오병이어의 기적 후에 자신을 찾아온 무리를 향해 이렇게 꾸짖는다. "너희가 지금 나를 찾아온 것은 내 기적의 뜻을 깨달았기 때문이 아니라 빵을 배불리 먹었기 때문이다"요 6:26, 공동번역. 그러고 나서 진정한 빵과 양식이 무엇인지 말씀하셨는데, 그 이야기를 듣고 난 사람들의 반응이 주목할 만하다. "그때부터 그의 제자 중에서 많은 사람이 떠나가고 다시 그와 함께 다니지 아니하더라"요 6:66, 공동번역.

예수께서 하신 것처럼, 교회도 진정한 복을 말해야 한다. 그리고 이 메시지가 사람들의 인기를 끌지 못할 수 있다는 것을 명심해야 한다. 이 땅의 복을 얻고자 교회에 나아오는 사람들에게 교회는 실망을 안길 각오를 해야 한다. 그렇지 않으면 끝까지 떡만 바라볼 뿐, 예수를 발견할 수 없기 때문이다.

복 없는 사람들의 복

이런 질문이 생길 수 있을 것이다. 돈을 많이 버는 것도, 높은 위치에 오르는 것도 참된 복이 될 수 없다면 진정한 복이란 무엇인가? 사실, 복이 무엇인지 명확하게 설명하는 것은 쉽지 않다. 복은 말로 설명할 수 있는 것이 아니기 때문이다. 아기는 엄마 품에 안길 때 더할 나위 없이 행복해한다. 애인을 만나러 가는 젊은이의 얼굴엔 빛이 난다. 그러나 그 아기나 젊은이가 왜 행복한지 논리적으로 설명하려고 하면 곤란해진다. 성경이 복을 가장 직접적으로 언급하는 곳은 우리가 잘 아는 팔복 설교에서다. 예수께서 말씀하시는 복은 건강이나, 돈, 성공, 명예, 좋은 배우자, 훌륭한 자녀와 거리가 있어 보인다. 오히려 세상적인 기준으로 볼 때 복이 없는 사람들이 진정한 복에 가까이 있다고 말씀하신다. 예수께서 말씀하시는 복은 철저히 하나님과 연관되어 있으며 우리의 내면에 초점을 맞춘다. 하나님의 돌보심 아래에 들어가고 우리의 존재가 하나님과 연결되며, 그분으로부터 흘러나오는 것으로 우리가 채워질 때 비로소 궁극의 복을 누리게 된다고 말씀하신다.

우리는 하나님 안에 있을 때 복을 누린다. 왜 그런지 논리적으로 설명하기는 힘들지만, 경험적으로 그것을 안다. 바깥에서 볼 때는 과연 하나님이 나의 복이 될 수 있을지 의심스럽다. 하지만 막상 하나님 안에 들어가면 그것이 진실임을 알게 된다. 우리가 간절히 바라는 것, 우리가 진정으로 꿈꾸는 것은 우리가 노력하고 쟁취해서 얻을 수 있는 것이 아니다. 그것은 오직 하나님의 선물로만 받게 된다. 하나님께서 주시는 선물이란 다름 아닌 하나님 그분 자신이다.

교회는 이 복을 체험하고 이 복을 전하는 자들이다. 성경 몇 구절을 찾아내어 이런 것이 복이라고 제시하는 차원에 머물러서는 안 된다. 복을 깔끔하게 설명하고 체계적으로 교리화하는 것으로도 부족하다. 그 복이 참으로 성도들 안에서 숨 쉬고 그들의 삶에 충만해지는 것을 볼 때까지 계속해서 그 복을 구하고 찾고 체득해 나가야 한다. 교회가 이 복을 발견하고 누리게 된다면, 사람들에게 '하나님이 주시는 복들'보다도, 복의 실체가 되시는 하나님에 대해 말하기 시작할 것이다.

우리 바깥으로

8.
그리스도인이
되었으니
이제 예수를 믿자?

위로부터 하나님의 부르심을 입은 교회는 세상으로 보내심을 받는다. 그래서 교회는 세상 가운데로 들어가, 세상을 위해 존재한다. 만일 교회가 세상을 등진 채 울타리 안에만 머물러 있거나, 자신을 위해 일하고 자신을 위해 존재하려고 한다면 교회의 존재는 무의미해진다.

세상에 속하지 않은 사람들

요한복음 17장에는 예수께서 잡혀서 십자가 처형을 당하시기 직전에 드렸던 기도가 실려 있다. 이 기도를 보면 마치 예수 그리스도의 일기장을 들여다보는 느낌이 든다. 지금까지 예수의 마음에 자리 잡고 있었던 것이 무엇이었으며 장차 무엇을 기대하고 계신지 어느 정도 이해할 수 있다. "내가 아버지의 말씀을 그들에게 주었사오매 세상이 그들을 미워하였사오니 이는 내가 세상에 속하지 아니함 같이 그들도 세상에 속하지 아니함으로 인함이니이다 …… 아버지께서 나를 세상에 보내신 것 같이 나도 그들을 세상에 보내었고" 요 17:14, 18.

예수께서는 세상이 자신을 미워하고 있음을 잘 알고 계셨다. 그는 세상의 가치와 체계와 압력에 굴복하지 않았고 하나님의 뜻을 선포하고 하나님의 뜻을 행하셨다. 그의 말과 행위는 유대 종교 체계와 로마제국의 심기를 건드렸다. 예수께서는 제자들 또한 자신의 운명과 크게 다르지 않을 것을 내다보셨다. 왜냐하면 제자들도 예수처럼 세상에 속하지 않았기 때문이다.

세상에 속하지 않은 사람들의 모임, 그것이 바로 예수께서 세우신 교회였다. 그들은 세상과 다른 가치관을 가졌다. 그들은 세상과 사람을 바라보는 새로운 눈을 가졌으며, 세상과는 다른 것을 추구하게 되었다. 이제 그들의 삶은 다른 사람과 같지 않을 것이며, 이전의 삶과도 다를 것이다. 하나님의 부르심은 그만큼 강력하고 파격적이고 위험했다. 예수께서는 세상에서 불러내었고 세상으로부터 구별시켰던 이들을 이제 다시 세상으로 보내려고 하신다. 제자들 외에도 하나님의 부르심을 받아야 할 이들이 세상에 많이 있었다. 그러나 지금까지 그 일을 주도적으로 해오시던 예수께서는 더 이상 세상에 머무르지 않을 계획이었다. "예수님, 저희는 끝까지 주님을 따를 것입니다. 하지만 저희 외에 다른 이들은 어떻게 하실 예정입니까? 이스라엘만 보더라도 주님을 만나고 싶어 애타게 기다리는 사람들이 무수히 많습니다. 그들도 주님의 말씀을 듣고 생명을 얻어야 하지 않겠습니까? 그런데 이렇게 떠나 버리시다니요?" 이런 질문에 대답이라도 하듯 부활한 예수께서 말씀하셨다. "너희에게 평강이 있을지어다. 아버지께서 나를 보내신 것 같이 나도 너희를 보내노라" 요 20:21.

예수께서는 자신 대신 제자들을 보내겠다고 말씀하신다. 이제 제자들은 예수께서 해오셨던 그 일을 해야만 한다. 예수의 삶과 사역은 제자들을 통해 계속되어야 했던 것이다. 그러므로 제자들의 무리를 두고 그리스도의 몸이라고 부른 것은 자연스러운 일이었다. 예수께서는 이제 제자들을 자신의 몸으로 삼아 계속 일하신다. 제자들은 예수 그리스도의 몸이 되어 예수께서 이 세상에 여전히 존재하시며, 그분이 오늘도 일하고 계심을 보여 주어야 했다. 제자들은 예수 안에 거하시던 영, 곧 성령을 받아 예수께서 하셨던 일을 계속할 수 있었다. 그들은 예수의 삶은 물론 예수의 죽음까지 본받았으며 결국 이 세상을 떠났다. 하지만 교회의 역사는 유다를 제외한, 열한 제자에서 끝나지 않았다. 위로부터 성령을 받은 자들이 다시 예수의 삶을 살았기 때문이다. 제자는 제자를 낳았다. 예수의 삶과 생명은 이 제자들의 공동체인 교회를 통해 2천 년에 이르는 역사를 관통하며 이어져 왔다.

교회가 보여 주는 하나님

21세기의 한국 교회는 어떠한가? 세상으로 보냄을 받은 존재로서 그 역할을 다하고 있는가? '세상을 향해 나아가는 그리스도인', '우리는 누구나 선교사입니다', '복음으로 세상을 점령하라' 등의 말들은 '세상으로 보냄 받았다'는 사실과 관련이 있다. 실제로 교회들은 전도와 선교라는 이름으로 다양한 일들을 계획하고 있으며 엄청난 재원과 인원을 투입하고 있다. 우리나라가 파송한 선교사 숫자가 미국 다음으로 많다는 사실만 보아도 알 수 있다. 그렇다면 우리는 하나님께서 맡기신 '세상을 향해 가라'는 사명을 잘 감당하고 있는 것일까?

교회가 세상 속에서 하는 일들 역시 교회 내에서 해오던 일들과 다르지 않아 보인다. 교회 안에서든 세상 속에서든 크고, 강하고, 영향력 있는 교회가 되고자 하는 꿈을 이루려고 노력하는 것 같다. 전도를 잘해서 성도 수를 늘리고, 그 도시나 선교지에서 더 큰 영향력을 행사하고 다른 교회들의 존경과 부러움을 받고 싶어 하는 듯하다.

예수께서 바리새인들에게 호통을 치며 하셨던 말씀이 떠오른다. "화 있을진저 외식하는 서기관들과 바리새인들이여 너희는 교인 한 사람을 얻기 위하여 바다와 육지를 두루 다니다가 생기면 너희보다 배나 더 지옥 자식이 되게 하는도다"마 23:15. 어느 누구도 이 말씀 앞에서 자유롭지 못할 것이다. 우리는 늘 서기관들과 바리새인들의 전철을 밟을 위험을 안고 있다. 예수께서 보여 주신 하나님과 우리 교회가 보여 주는 하나님을 비교해 보라.

예수께서는 사랑과 관용의 하나님으로 나타났건만, 교회는 자기 품에 있는 사람만 감싸거나 자신의 틀에 맞는 사람만 인정하는 편협한 하나님을 보여 주곤 한다. 또 약한 자와 소외된 자를 불쌍히 여기는 아버지 하나님 대신 그들의 고통에 무관심한 침묵의 신을 보여 준다. 불의를 용납하지 않는 의로운 하나님 대신, 범죄자의 편에 서고 피해자를 외면하는 비겁한 신이 되기도 한다. 이런 점을 생각해 볼 때, 현재 교회를 향해 쏟아지는 세상의 비난과 비판을 상당 부분 수긍하지 않을 수 없다. 성경과 기독교를 잘 모르는 일반인이 '상식적인' 수준에서 판단했을 때조차 교회가 하는 말과 하는 일을 이해할 수 없는 것이다.

세상으로부터 신랄한 비판을 받는 교회는 '세상은 원래 교회를 미워하고 핍박하게 되어 있다'는 말씀을 상기하며 그들의 말에 개의치 않으려 한다. 하지만 우리가 받는 비난은 예수의 길을 따르기 때문이 아니라 우리가 원하는 것을 탐욕스럽게 추구하기 때문에 생겨난 것들이 대부분이다. 예수 그리스도께서 드러내신 하나님은 세상이 갖고 있던 신에 대한 관점과 기대를 초월하는 분으로 나타나셨다. 불의한 구조를 흔들고 붕괴시키는 위험한 분이셨다. 그러나 교회가 보여 주는 하나님은 이 세상의 상식적인 기대에도 미치지 못하며 신선한 충격도 주지 못하는 따분하고 맥없는 신에 불과하다.

선교는 프로그램이 아니다

교회가 세상을 향해 나아간다면 어떤 형태, 어떤 방식이어야 할까? 전도지를 들고 길거리로 나아가 복음을 외치는 것일까? 아직 기독교가 정착되지 않은 나라에 선교사를 파송하는 것일까? 일용품을 가지고 가난한 사람들을 찾아가는 것, 혹은 정부 요직에 들어가 영향력을 발휘하는 것일까? '세상을 향해 보냄을 받음'은 흔히 '선교'라는 단어로 표현된다. 해외 선교사 파송, 선교사 후원, 단기선교, 선교훈련 학교, 전도 훈련, 노방 전도, 불우이웃 돕기, 바자회, 쌀 보내기 등도 선교로 이해된다. 그래서 선교를 강조할 때면 의례히 이런 활동들을 더 열심히 하는 것으로 인식한다. 이런 활동도 물론 필요하지만 선교의 핵심은 아니다. 선교의 본질은 프로그램이 아니라 삶이다. 예수 안에서 사는 이들이 세상 가운데 살고 있으면 그것이 선교이다.

교회가 세워져 있지 않거나, 선교가 금지된 지역에 파송된 선교사들의 활동 내역을 들어 보면 우리가 상상하는 사역과는 거리가 멀다. 그들의 사역이란 평범한 사람들의 삶과 별다를 게 없다. 직장에서 주어진 업무를 처리하고, 밥을 짓고, 아이들을 키우고, 이웃들을 만나면 안부를 묻고, 주변에서 어려운 형편에 놓인 사람을 도와주며 사는 것이 그들의 선교이다. 선교 금지국에서 추방당할 일은 할 수 없다. 그들은 예수에 대해 말하지 않으면서도 예수를 드러내는 삶을 살아 내야 한다. 전임 사역자가 아닌 일반 성도들이라면 더 말할 나위가 없다. 선교가 삶이라면 "그리스도인이 되었으니 이제 선교에 힘쓰자"라는 말은 "그리스도인이 되었으니 이제 예수를 믿자"라는 말처럼 어색하다.

예수를 따르는 그리스도인은 자신의 의도와 관계없이 예수 그리스도를 뿜어낸다. 그것이 선교의 핵심이다. 향수가 향을 발산함으로써 자신의 존재를 드러내듯 말이다. 소금이 맛을 잃으면 아무 쓸모가 없어 밖에 버려진다는 말씀을 보라. 우리의 존재와 일상의 삶에서 '예수의 맛'이 나지 않으면 그리스도인으로서 존재 가치를 지닐 수 없다는 의미가 아닌가. 이 이야기는 개인뿐 아니라 교회에도 적용된다. 교회의 삶 자체가 선교이다. 교회가 자신의 존재에 충실할 때, 자연스레 세상은 교회를 통해 예수 그리스도를 보게 된다. 그리고 이렇게 말할 것이다. "이 사람들 안에는 우리에게는 없는 어떤 것이 있구나." "그들은 살아 있고, 서로 사랑하는구나."

예수께서는 제자들을 세상에 보낼 준비를 시키면서 이렇게 가르치셨다. "나는 포도나무요 너희는 가지라 그가 내 안에, 내가 그 안에 거하면 사람이 열매를 많이 맺나니 나를 떠나서는 너희가 아무것도 할 수 없음이라"요 15:5. 예수께서는 선교 센터는 어떻게 짓고, 선교비는 어떻게 충당하며, 선교사 간의 네트워크를 어떻게 구성할 것인가를 알려 주지 않았다. 또 열매를 맺고 싶다는 강한 열망을 가진 자가 가장 많은 열매를 맺을 것이라며 꿈과 열정의 중요성을 가르치지도 않으셨다.

예수께서 가르치신 것은 존재하는 방법이며, 사는 방법이다. 그리스도인은 그리스도 안에서, 그리스도를 통해서 사는 것이라고 말씀하신다. 예수 안에 거하고 있을 때, 놀랍게도 열매가 맺힌다. 가지가 어떻게 열매를 맺는지 보라. 가지는 열매의 구성 성분에 대한 지식도 없고, 열매를 만드는 법도 모른다. 단지 나무에 붙어 있으면 자기 몸에 열매가 달리는 모습을 보게 된다. 가지는 이 열매가 자신을 '통해서' 나타났지만 자신에 '의해서' 맺힌 것은 아님을 안다.

포도나무의 비유 이면에는 이런 지적이 있는 것 같다. 우리는 예수를 떠나서 무언가를 하려는 실수를 저지르기 쉽다는 것이다. 찬란한 비전이나 꿈에 고취된 나머지 우리가 가지임을 잊고 독립적인 나무인 것처럼 행동하기 쉽다는 의미이다. 열매 맺는 법을 연구하고 열매의 색감을 만들어 내고 열매의 모양을 다듬으려 하는 것이다. 예수께서는 열매에 관심을 두기보다는 나무에 붙어 있기를 요구하신다.

오늘날 이 교훈이 중요한 이유는 전도 훈련을 받고 선교 프로그램에 참여하려는 열정에 비해 예수 그리스도를 배우고 예수를 살아내려는 열망은 그만큼 크지 않기 때문이다. 열심을 가진 사람들과 충분한 재정, 적절한 환경만 주어지면 복음을 전하고 교회를 세울 수 있다고 여기는 듯하다.

선교활동의 구체적인 예로 주말 의료봉사를 생각해 보자. 봉사할 날짜와 장소를 정하고 필요한 도구들을 다 모았다. 또 이 봉사의 취지와 내용을 교회에 설명했더니 이 일에 선뜻 자진하는 의사들과 도우미들이 충분히 모였다. 이제 남은 것은 계획대로 진행하는 것뿐일까?

이 활동이 진정한 선교가 되려면 계획의 시점부터 이 일이 하나님으로부터 말미암았는지 살펴야 한다. 교회가 이 일을 하려는 이유가 무엇인가? 교회 홍보를 위해서인가, 봉사부에 남아 있는 예산을 사용하기 위해서인가? 아니면 다음 달에 있을 총동원 주일에 사람을 조금이라도 더 불러들이기 위해서인가? 사람들은 어떤 결과를 기대하며 이 일에 참여했는가?

일의 진행 과정 역시 중요하다. 봉사자들이 특별한 장소를 선호하는 기준은 무엇인가? 봉사 방식을 결정할 때는 무엇을 염두에 두고 있는가? 혹시 봉사자들의 편의와 기분이 중심이 되고 있는가? 이 경험이 참여한 사람들에게 어떤 영향을 미칠까? 이런 질문과 관심을 가지고 지켜보아야 한다. 적어도 지도자나 선생에게는 이런 영적 예민함이 요구된다. 효과적인 선교를 위해서는 조직과 체계도 필요하다. 그러나 좋은 조직과 체계를 구축해 놓으면 자동적으로 복음이 전달된다고 기대하는 것은 잘못이다. 복음을 전하는 주체는 프로그램이 아니라 그분 자신이기 때문이다.

"선교를 위한 모든 것을 우리가 다 준비해 놓았으니 여러분은 시간을 내서 참여만 하면 됩니다. 놀라운 역사가 일어날 것입니다." 우리가 교회로부터 자주 듣는 이 말은 다음과 같이 바뀌어야 할 것이다. "여러분 안에 예수 그리스도를 준비하십시오. 그가 여러분을 통해 사시도록 하십시오. 그렇게 함으로써 세상 사람들이 예수를 보게 하십시오."

예배와 사랑의 엮임

하나님 추구와 세상을 향한 사명은 분리되기 힘들 만큼 서로 밀접하다. 그리스도 안에서 살지 않는 교회가 세상에 나가서 할 수 있는 일은 아무것도 없다. 세상이 필요로 하는 그것이 없기 때문에 줄 수 있는 것이 없다. 그러므로 교회가 세상에 나아가 사명을 제대로 수행하기 위해서는 자신의 근원을 온전히 알고 온전히 의지해야 한다.

반대로, 세상을 향해 나아가지 않으면서 하나님을 추구하는 것 역시 불가능하다. 세상을 사랑하시는 하나님을 온전히 예배하려면 세상에 들어가 그들을 사랑하고 섬기는 길을 택할 수밖에 없다. 세상을 향해 뛰어든 교회는 하나님의 임재를 더욱 사모하게 되며, 하나님 앞에 선 교회는 세상을 향해 나아가야 한다는 열망으로 가득해진다. 하나님을 향한 예배와 세상을 향한 사랑이라는 두 가닥의 끈은 그래서 하나의 줄로 단단히 엮인다.

9.
교회 일이
바빠서
주님의 일은…

성도들을 끌어모으는 데에만 열중하고, 그들을 파송하는 데에는 무관심한 태도가 교회에 지배적이다. 그래서 성도들은 예배당 안에서 갖는 신앙 행위에만 열심을 낼 뿐, 세상에서 어떤 삶을 살아야 할지 모른다. 교회는 성도들이 살아가는 세상과 그들의 삶에 관심을 가지고, 성도들을 가르치고 지원해야 한다.

더 열심히, 더 자주

박 씨는 일주일에 한 번 예배를 드리는 것이 신앙 생활의 전부나 다름없는 초신자였다. 그래도 가능한 한 주일 예배는 빠지지 않으려고 노력했다. 뭔가 얻는 것이 있다고 느끼기 때문이었다. 그러던 어느 날 그는 봉사를 하지 않으면 신앙이 자라나기 힘들다는 이야기를 들었다. '나도 뭔가 교회 일을 해야 할까?' 고민하고 있는데, 마침 가까운 친구가 성가대에 서면 어떠냐고 권유했다. 늦잠은 포기해야 했지만, 한번 해보기로 결심했다. 예배 순서에 직접 참여한다는 느낌이 좋았고, 성가대 사람들과도 친해졌다. 얼마 후에는 목요 구역예배에 초청을 받아 정기적으로 참석하게 되었다. 덕분에 직장의 술자리를 피할 수 있는 핑계가 생겼고,

생활 리듬을 유지하는 데 도움이 되었다.

그다음 들어온 제의는 남전도회 회계 자리였다. 박 씨는 교회에 나온 지 얼마 안 되어 맡을 수 없다고 거절했지만 그가 아니면 할 사람이 없다는 말에 승낙하고 말았다. 막상 해보니 어려운 일은 없었지만 대신 전도회의 모든 모임에 참석해야 했다. 교회의 주변만 맴돌던 박 씨는 이제 다른 회원들에게 전화를 걸어 모임에 꼭 오라고 조르는 사람으로 변화되었다. 모든 부서 임원은 의무적으로 참석해야 한다는 특별새벽기도 때문에 생전 처음으로 새벽기도도 일주일간 하게 되었다.

교회에서 많은 시간을 보낼수록 박 씨는 신앙이 깊어지는 느낌이 들었다. 또 중요한 일을 하고 있다는 생각에 스스로 대견스럽기도 했다. 그러나 예전의 그 순수한 기쁨을 잃어버린 것 같은 안타까움도 없지 않았다. 교회 일을 마치고 저녁 늦게 집에 오면 피곤이 온몸을 덮어 자녀들에게 쓸 기력이 남아 있지 않았다.

그 외에도 박 씨가 좀처럼 참여하지 않는 여러 모임들이 기다리고 있었다. 수요예배, 주일저녁예배, 금요기도회가 매주 있었고, 가끔씩 하는 특송 연습, 다음 달부터 시작되는 선교 훈련과 제자 훈련 프로그램이 그를 부르고 있었다. 그런 모임들을 거절할 때마다 자신이 아직도 하나님 앞에서 부족하다는 생각에 맘이 편치 않았다.

어느 날 그는 낯익은 목소리의 전화를 받았다.

"오랜만에 예전 멤버끼리 식사 한번 하자. 너한테 술 마시라는 소리는 안 할 테니까."

가까이 지내던 고등학교 동기들이었다. 박 씨는 그들과의 우정이 그리웠지만 승낙을 할 수가 없었다.

"오늘은 안 돼. 다른 일이 있거든."

저쪽에서 다시 물어왔다.

"그럼 네가 좋은 날을 말해. 우리가 시간을 맞춰 볼게."

박 씨는 미안한 마음이 들었지만 그들을 실망시키는 수밖에 없었다.

"당분간은 시간 내기 힘들겠다. 나중에 다시 연락하자."

전화를 끊고 나자 몇 주 후에 있을 전도대회가 생각나 마음이 한층 더 무거워졌다.

'저 친구들을 전도해서 데려가기로 했는데……'

박 씨와 비슷한 상황에 처해 본 성도들이 적지 않을 것이다. 성도라면 교회의 모임과 일들을 어떤 관점에서 바라보아야 할까? 더 열심히, 더 자주 참여하는 것만이 올바른 신앙일까? 교회 일이 어떤 의미가 있는가 알려면 교회의 출발점인 '하나님의 부르심'으로 돌아가야 한다. 하나님은 왜 우리를 부르셨는가? 하나님은 우리 안에서 무슨 일을 하기 원하시는가?

하나님의 부르심은 죽었던 우리로 하여금 살아 있는 존재가 되게 하고, 하나님과 이웃에 대해 새로운 관계를 맺고, 새로운 삶을 살도록 하려는 것이었다. 탐욕과 음란, 거짓의 세상에서 거룩한 삶을 살도록 부르셨다. 다른 사람을 짓누르고 지배하려는 세상에서 섬기고 사랑하는 삶을 시작하라고 우리를 초청하셨다. 그리고 이 새로운 삶이 예수 그리스도 안에 거할 때 실제로 가능하다고 말씀하셨다.

이 새로운 관계와 삶은 어디서 실현되는 것일까? 교회 안에서뿐 아니라 우리의 가정과 세상 안에서이다. 또 하나님은 새로운 삶을 살아가는 우리들이 어둠 속의 빛처럼, 짠맛을 내는 소금 같은 존재가 되어 진리를 증거하게 될 것이라고 말씀하셨다. 이 일이 이루어지려면 우리들이 어디에 머물러야 할까. 바로 세상 안이다. 빛이 등잔에 머물지 않고 어둠 한가운데를 뚫고 들어가듯이, 소금이 소금 통에서 나와 음식 안으로 파고들듯이.

예배당 내에 머무는 신앙

만일 교회가 이 사명을 명확히 인식하고 있다면 다음의 문제들에 관심을 갖게 될 것이다. '어떻게 성도들을 준비시켜 세상 안으로 보낼까.' '우리의 성도들은 세상 속에서 어떤 삶을 살아가며 어떤 갈등을 겪고 있을까?', '그들을 어떻게 도울 수 있을까.' '세상 사람들은 우리 성도들을 통해 어떤 영향을 받고 있을까.'

그러나 오늘날 교회들의 말과 행동을 보면, 위의 생각보다는 다음과 같은 생각을 더 많이 하는 듯하다. '세상에 나가 있는 성도들을 어떻게 예배당 안으로 불러들일까.' '어떻게 하면 이들이 바깥일에서 관심을 돌려 교회 일에 더 적극적으로 협조하도록 할 수 있을까.' '다음 달에는 교회에서 무슨 일을 벌여 볼까? 찬양대회? 성경퀴즈? 기도 세미나? 아니면 바비큐 파티?'

이런 태도는 교회의 설교와 가르침에서 여실히 드러난다. 믿음으로 사는 것에 대해 말할 때는 주일날 사업이나 다른 일을 제쳐 두고 예배당에 나오는 것을 이야기한다. 하나님의 영광을 위해 사는 삶을 말할 때는 올 여름 단기선교에 참여하는 것과 연결시킨다. 기도에 대한 성경 본문을 적용할 때는 새벽 기도에 꾸준히 나오도록 강조한다. 이웃 사랑은 전도 주간에 친구들을 두 명 이상 데려오는 것으로 귀결된다. 예배나 모임을 마치고 예배당을 떠날 때마다 성도들은 이런 말을 듣는 느낌이다. "아쉽지만, 안녕히 가세요. 모레 무슨 모임 있는 줄 아시죠? 그때도 꼭 나오셔야 해요. 우린 해야 할 일이 정말 많거든요. 다 하나님을 위한 거잖아요." 예배와 사역 등에 참여하는 것은 필요하고 중요한 일이다. 하지만 하나님의 사역이 교회에서 추진하는 사역이나 예배당 안에서 이루어지는 일에만 관계된다고 인식할 때 신앙의 본질이 흐려진다.

세상 속의 삶에 대한 교회의 가르침은 피상적이고 막연한 경우가 많다. 예를 들어 모든 사람들을 '사랑하라'고 교회는 가르친다. 가족을 사랑하고, 이웃집 사람들을 사랑하고, 직장 동료를 사랑하고, 원수까지 사랑하라고 말한다. 그러나 어떻게 하는 것이 성경이 말하는 사랑인지 말해 주지 못한다. 아버지는 반항적인 자녀를 어떻게 사랑해야 하는가? 사장은 빈둥거리는 직원을 어떻게 대해야 하는가? 우리는 언제 옆집을 찾아가고, 어떤 관계를 맺는 것이 좋을까? 교사직에 있는 성도들은 공부할 의미를 찾지 못한 학생들을 어떻게 지도해야 할까? 홍수 피해가 난 지역민들을 어떻게 도와야 할까? 인도의 빈민가에서 구걸하는 아이들을 위해 무엇을 할 수 있을까? 이런 실질적인 고민 없이 사랑을 실천한다는 것은 거의 불가능하다.

또 교회는 믿지 않는 사람들을 '전도하라'고 가르친다. 이는 사람들에게 친절을 베풀어 호감을 사고 결국 예배당으로 데려오라는 의미와 다르지 않다. 사람을 예배당으로 데려오는 기술에 대해서만 설명할 뿐, 예수 그리스도의 증인으로서 살아가는 영성에 대해서는 거의 침묵한다. 교회는 성도들이 세상에서 겪는 복잡 다양한 상황을 이해하고 있어야 하고, 그리스도의 복음이 실제 삶에서 어떻게 드러나야 하는지 계속 시험하고 탐구해야 한다. 치열한 삶 가운데서 건져 올린 가르침만이 성도들의 실제적인 삶에 도움을 줄 수 있다. 단지 '잘해야 한다'라든가 '잘해 보자'라는 구호나 열정만 가지고는 별다른 도움이 될 수 없다.

'세상 속에서의 삶'의 성적표는 대표 기도에서도 볼 수 있다. 거의 매주 반복되는 내용이 있다. "저희는 하나님의 은혜와 사랑을 알면서도 세상 것에만 관심을 두고 세상 것만 추구하다가 이렇게 하나님 앞에 나왔습니다. 저희의 죄를 보혈의 피로 씻어 주시옵소서." 세상 속에서의 삶에서 실패했다는 말이다. 우리는 대부분 그 기도에 공감한다. 그렇다면 그에 대한 대책은 무엇인가? 삶의 방식을 어떻게 바꾸어야 세상 속에서도 진리를 추구하는 삶을 살 수 있는가? 회개의 기도로 시작했건만 교회는 그 문제를 다루지 않은 채 예배와 성경공부와 모임을 마친다. 성도들은 오늘도 큰 은혜 받았다고 말하면서 만족한 얼굴로 집으로 돌아간다. 그렇다면 우리의 실패는 예정된 것과 다름없지 않은가. 다음 주에 우리는 같은 기도를 반복하게 될 것이다.

수십 년간 신앙생활을 해온 교회의 장로들, 교회의 지도자들이 이런 기도를 반복한다는 것은 예사로운 일이 아니다. 우리의 삶에서 대단한 변화를 기대하는 것은 무리이며, 어쩔 수 없이 이렇게 살다가 마치는 것이 인생이라고 교회가 인정하는 것처럼 보인다. 우리에게 새로운 삶을 주신다는 예수의 약속은 부도수표가 되어 버렸다. 아무런 문제의식 없이 같은 기도를 매주 반복하는 것은 삶에서의 실패를 그리 심각하게 여기지 않기 때문이다. 자신의 삶에 문제가 있다고 고백했고, 예배당에 나와 예배도 드렸으니 그 정도의 실패는 충분히 면죄받을 수 있다고 믿는 것이 아닐까. 비록 연약하고 위태롭지만 하나님께서 주신 생명이 역사함으로 말미암아 자신의 한계와 기대를 뛰어넘는 삶을 사는 것이 복음인데 말이다.

삶을 겨냥하지 않고, 삶 자체를 다루지 않는 신앙은 메마르고 공허하다. 그리고 그 안에서 진리의 능력을 발견할 수 없다. 사람을 끌어오고 모아 놓는 것에 만족하는 교회에서 어떻게 우리의 존재와 삶을 새롭게 하는 진리를 발견할 수 있겠는가. 세상을 등지고 예배당 안에 모여 계속해서 종교적인 행사만을 치르는 가운데서 어떤 매력을 느낄 수 있겠는가. 삶에 대한 열정과 숭고한 의미를 발견하고자 몸부림치는 젊은이들이 교회를 찾았을 때, 그들의 눈에 교회가 어떻게 비칠지 생각해 보라. 세상을 향해 높은 울타리를 둘러치고, '그 안에서만 즐겁고 행복한' 교회를 그들이 회피하게 되는 것도 무리가 아니다.

교회가 신앙을 삶의 현장이 아닌, 예배당 내에서의 활동으로 국한시킬 때 그 폐해는 왜곡된 진리를 접하는 성도들에게 돌아간다.

그들은 예수만이 생명이라고 노래하지만 그 생명의 힘을 거의 경험해 보지 못한 채 여전히 진리를 모르는 사람들과 같은 상황에 처해 있는 것이다. 또한 세상 사람들 또한 간접적인 피해자가 되는데, 그 이유는 교회의 모습을 보며 실망한 나머지 하나님을 만날 기회를 상실하기 때문이다.

성도들은 교회가 제시하는 다양한 의무들을 수행하느라 주님이 말씀하신 것들을 소홀히 하는 역설적 상황에 처해 있다. 하나님께서 마지막 날 "너는 왜 내가 가르친 대로 살지 않았느냐?"고 물으실 때, 많은 성도들이 이런 대답을 하게 되지 않을까 염려된다. "죄송합니다. 교회 일 하느라 바빠서 미처 주님의 말씀까지 신경 쓸 여유가 없었습니다."

예배당은 성전이 아니다

예배당 내에서 이루어지는 일에 우선순위를 두는 교회에서 자라나는 성도들은 이분법적 신앙을 갖게 되기 쉽다. 이분법적 신앙이란 모든 것을 거룩한 것이나 속된 것으로 구분하는 태도를 말한다. 예배와 기도, 성경 읽기, 전도, 선교 훈련, 교회 봉사 등은 거룩한 일이라고 여기고, 사업, 장보기, TV 시청, 예술 활동이나 정치 활동 등은 속된 것이라고 보는 것이다. 이분법적 관점에서 좋은 신앙이란 속된 활동들을 줄이고 종교적 활동을 늘리는 것이다. 그래서 사업을 중단하고 선교를 떠나거나, 미술 전공자가 풍경화 대신 기독교 성화를 그리거나, 신문을 읽는 대신 성경을 읽는 것 자체를 영적인 변화로 받아들인다.

하지만 성경의 가르침에 따르면 일의 종류가 거룩과 속됨을 나누는 것이 아니다. 일하는 사람의 태도와 목적에 따라 거룩한 일이 되기도 하고 세속적인 일이 되기도 하는 것이다. 목회자에게 잘 보이기 위해 행하는 교회 봉사는 승진하기 위해 윗사람의 비위를 맞추는 것과 똑같이 자기중심적 행위일 뿐이다. 반면에 사업을 확장하고 돈을 벌더라도 하나님께 드리는 거룩한 예배가 될 수 있다. 만물 속에 임하는 하나님의 손길을 보는 예술가는 자신의 모든 작품에 그의 영광을 반영한다. 하나님의 공의에 붙들린 정치가는 정치활동을 통해 국민들을 실질적이고 구체적으로 섬기며 하나님의 뜻을 실현한다.

이분법적 신앙을 만들어 내는 원인 중 하나는 지나치게 강조되는 예배당의 역할이다. 예배당을 마치 세상 가운데 세워진 하나님의 왕국인양 대한다. 하나님의 임재를 상징하는 장소, 구약 시대의 '성전' 이미지를 예배당에 투영시키려 한다. 아예 예배당을 성전이라고 부르는 경우도 허다하게 볼 수 있다. 그러나 예배당을 성전과 동일시하는 것은 반성경적, 반기독교적이다. 무엇이 성전이냐 하는 질문은 하나님을 어디서 만날 수 있느냐를 가리키는 것이다. 성령을 통해 성전의 진정한 의미는 이미 밝히 드러났다. 참 성전은 예수를 가진 사람들이라는 것이다.

사람이 성전이 된다는 것은 하나님이 사람으로 오신 것만큼 (그리고 바로 이 성육신과 밀접하게 관계되는) 극적인 사건이다. 이제는 하나님께서 특정 건물에 계시지 않고 그의 백성들 가운데 거하신다.

성도들이 하나님의 집이다. 성도들이 직장에 가면 하나님의 임재가 직장으로 옮겨지고, 잠자리에 들면 거기에 하나님의 임재가 머문다. 예배당이란 건물 자체는 아무런 영적인 의미를 갖지 못하며 건물을 올리는 것은 성전 건축과 하등 관계가 없다. 성도들의 삶을 올바로 세우는 것이 신약시대의 성전 건축이다. 오늘날 교회가 어디에 초점을 두느냐에 따라 참된 성전을 세우는 진짜 교회가 될 수도 있고 콘크리트 건물만 세우는 건설업체로 전락할 수도 있다.

일상이 사역이다

어떤 목사님의 말씀이다. "초신자일수록 예배와 교육에 자주 참여해서 많은 것을 배워야 하고, 성숙한 신자들은 세상에 나가서 자신의 역할을 감당하는 데 주력해야 합니다. 그런데 실상은 그 반대로 흘러가고 있습니다. 초신자는 겨우 주일예배만 드리며 세상 속에 방치되어 있고, 정작 세상에 나가야 할 성숙한 성도들은 예배당에서 오래 시간을 보내고 있으니 말입니다." 공감이 가는 말이다.

교회가 '사역'이라는 말을 쓸 때는 대부분 성가대, 주일학교, 전도회, 선교 훈련 등 예배당에 모여서 하는 일들을 가리킨다. 이제는 이런 '내부 사역' 외에 '외부 사역'에도 관심을 기울여야 한다. 외부 사역은 집에서 모이는 구역 모임이나 직장동료들끼리 갖는 신우회, 도서관에서 하는 성경공부 등이 아니다. 그런 모임 역시 장소만 옮긴 내부 사역이다.

외부 사역에는 특별한 이름이 없다. 시간을 따로 내서 하는 것도 아니다. 그것은 그리스도인의 삶 전체이다. 아버지 역할, 자녀 역할, 직장 상사 역할, 비서 역할, 선생 역할, 학생 역할 등도 사역이다. 이 사역은 시간과 공간의 제한 없이 수행된다. 이 사역이 온전히 이루어지려면 그리스도 안에 거해야 한다. 육신을 따라 살지 않고 성령을 따라 살아야 한다. 도덕 규칙이나 신앙적 의무사항들을 준수하는 것도 아니고, 그렇다고 사람들의 요구와 눈치에 반응하지도 않는 삶이다. 외부 사역은 그리스도를 보여 주기 위해 세상을 예배당으로 불러들이는 것이 아니라 세상에 나가 그리스도를 보여 주는 것이다.

신학생이나 목회자, 선교사들은 자신이 하루 종일 주님 안에 거하고 있으며, 자신이 하는 모든 일이 하나님의 사역이라고 인식하기 쉽다. 병원에서 환자들을 치료하거나 복지 단체에서 어려운 사람들을 돌보거나, 기독교 예술을 직업으로 삼은 이들도 자신의 사역의 의미와 목적이 분명해 보일 것이다. 나처럼 학생들을 가르치는 사람들도 일의 의미를 하나님과 연관 짓는 것이 그나마 수월한 편이다. 그러나 하루 종일 컴퓨터 앞에 앉아 서류를 작성하거나, 집안 청소와 빨래를 하거나, 식당에서 김밥을 말거나, 물건을 팔려고 여기저기 뛰어다니는 이들은 자신의 일을 통해 그리스도를 나타낸다는 사실을 실감하기 어렵다. 이런 일에 종사하면서 온전한 그리스도인으로 살아가려면 더 깊은 영성이 요구된다.

교회는 이런 성도들이 자신이 처한 자리에서 온전한 삶을 살도록 도와주어야 한다. 만일 그런 삶이 불가능하다고 판단된다면 그 자리에서 나오라고 권유할 수도 있어야 한다.

교회의 지도자들은 자신처럼 많이 기도하고, 자신처럼 병문안을 자주하고, 자신처럼 성경을 많이 읽으라고 무작정 가르쳐서는 곤란하다. 먼저 성도들의 하루 24시간이 어떻게 흘러가는지 들여다볼 필요가 있다. 매일 아침 말씀 묵상에 충분한 시간을 할애하고, 직장에서는 성실하고 유능한 일꾼으로 인정받을 만큼 최선을 다해 일하면서, 아내와는 자주 둘만의 시간을 가지며, 자녀들과는 친구처럼 많이 놀아 주면서 속마음을 깊이 나누는 대화를 하고, 이웃이 어려움을 당하면 자기 일처럼 달려 나가 고통을 함께하며, 자기 전에는 교회와 이웃과 국가를 위해서 중보 기도하는 것이 어떻게 가능할지 생각해 보아야 한다. 이 모든 것들을 진지하게 살아 내면서 새벽 기도에 빠지지 않고, 매주 성가대에 서고, 주중에 예배당에서 성경 공부를 하고, 모임에 안 나온 사람들을 전화해서 따로 만나고, 성탄 장식을 하고, 성경퀴즈를 대비하며, 교회 홈페이지를 관리하면서, 토요일에는 주일학교 간식을 만드는 것이 말이 되는지 말이다. 온종일 예배당에서 시간을 보내는 전임 사역자의 삶은 일반 성도들의 모델로 그리 적합지 않다. 그에 반해 바울이 금쪽같은 시간을 천막 만드는 데 사용하면서 생계를 이어갔다는 점은 평신도에게 시사하는 바가 크다. 바울이 '나를 본받으라'고 했을 때 초대교회 성도들은 그것이 무엇을 의미하는지 훨씬 가깝게 와 닿았을 것이다.

성경이 세상 속 그리스도인의 삶을 강조하고 있음에도 교회가 예배당을 중심으로 이루어지는 내부 사역에만 관심을 기울이는 이유가 무엇일까. 대부분의 내부 사역은 눈에 보이는 성과를 가져온다. 해외 선교사 ○○명 파송, 새신자 정착 ○○명, 구역 ○○개 확장, 성경 공부 프로그램 ○○명 이수, 주일학교 ○○배 성장 등이 그것이다.

이에 반해 교회가 외부 사역을 잘 해낼 때 얻는 것은 무엇인가? 거의 없다. 잘해야 믿지 않던 사람들이 교회에 나오는 것일 텐데, 그나마 자기 교회로 올지 다른 교회로 갈지 알 수 없다. 한 교회의 외부 사역이 실패하든 성공하든 외면적으로 달라질 것은 거의 없는 것이다. 그뿐 아니라 외부 사역이 얼마나 잘 이루어지는지 파악할 방법도 딱히 없다. 아마도 유일한 방법은 성도들이 살아가는 이야기에 일일이 귀 기울이는 것뿐이다. 이런 상황에서도 어떤 교회가 성도들을 보내어 세상을 섬기는 일에 심혈을 기울인다면 그 동기는 아마도 사랑일 것이다. 성도들에 대한 사랑이며, 세상을 향한 사랑이다. 무엇이 교회로 돌아올지, 어떤 이익을 얻을 수 있을지 따지지 않고 그저 주는 것으로 기뻐하는 마음이다. 자기 몸을 키우는 데 열중하는 교회는 이 주는 사랑을 행하는 데 취약하다.

종교에서 생명으로

바울은 예수로부터 배우고 깨달은 복음을 강론한 뒤 이렇게 적용한다. "그러므로 형제들아 내가 하나님의 모든 자비하심으로 너희를 권하노니 너희 몸을 하나님이 기뻐하시는 거룩한 산 제물로 드리라 이는 너희가 드릴 영적 예배니라"롬 12:1. 제물 대신 우리의 몸으로, 정해진 시간이 아니라 삶 전체로 드리는 예배로 이끈다. 영적 예배는 성가대와 대표 기도와 설교와 주기도문으로 이루어지는 종교적 행위가 아니라 구체적인 삶을 가리킨다.

바울은 구약의 성전 제사가 신약의 주일 예배로 전환되는 단순한 종교적 형식의 변화를 넘어 근본적이고 파격적인 변화를 선언하고 있다. 우리를 인도하는 것은 율법 조항이 아니라 하나님의 영이다. 종교는 폐해졌고 여기 생명이 왔다. 우리는 의식과 규칙에 갇히지 않고 삶 속으로 뛰어든다.

공적 예배는 이 본질적인 예배의 표현 수단에 불과할지도 모른다. 만일 공적 예배와 삶의 예배 가운데 굳이 하나만을 취해야 한다면 무엇을 선택해야 할 것인가? 단연코 삶의 예배이다! 우리는 특별한 장소나 시간에 제한되지 않고 영적 예배를 드린다. 세상 속에서 살되 세상의 방식이 아닌 예수의 방식으로 살아가는 것이 예배이다. 이는 하나님을 기쁘시게 하고 우리 자신을 복되게 한다. 그리고 교회는 세상 속에서 빛이 된다.

10.
고구마,
진돗개가 되는
전도

교회가 세상을 향해 가장 열심을 내는 부분은 그들을 전도해서 예배당으로 데려오려는 것이다. 하지만 전도는 잃어버린 자를 향한 사랑이 아니라, 내 집을 채우고자 하는 열망에서 비롯될 때가 많다. 그럴 때 천하보다 귀한 사람들은 소외되고 단지 머릿수를 채우는 수단으로 전락한다.

우리 가게에 들러 주세요

번화가를 걷다 보면 광고지나 얇은 책자를 나눠 주는 이들을 만난다. 새로 개업한 식당이나 화장품 가게 광고가 대부분이지만 가끔 전도지를 받을 때도 있다. 어느 전도지나 내용은 크게 다르지 않다. 성경 구절과 함께 그에 대한 설명이 있고, 누구나 구원받을 수 있다는 것이 강조되어 있다. 뒷면엔 교회 안내가 있다. 휴지나 물티슈 등 작은 선물이 따라오기도 한다. 내가 하지 못하는 전도를 대신해주어서 고맙다는 생각이 들면서도 한편으론 답답하고 우울해지기도 한다. 이런 전도의 풍경이 교회 밖의 사람들에게 어떻게 비춰질까 조바심이 들기 때문이다.

길 한복판에 서서 전도지를 나눠 주는 쑥스러운 일에 동참하려면 상당한 용기가 필요하다. 구원의 감격과 기쁨이 그런 용기의 근원이 되었을 것이다. 비그리스도인들이 그런 속내를 읽을 수 있다면 좋겠지만 그들은 달리 보는 듯하다. 전도의 동기가 교인수를 늘리고자 하는 열망에서 나왔다고 보는 것 같다. "와서 우리 교회의 교인이 되어 주십시오." 이런 메시지로 받아들이는 것이다. 그럴 수밖에 없는 이유가 있다. 전도 방식이 화장품 가게 홍보와 거의 차이가 없다. 화장품의 효능 대신 복음의 효과를 말하고, 자기 점포만의 자랑거리 대신 자기 교회의 장점을 말한다. 전도지에 끼워진 작은 선물은 화장품 샘플을 대신한다. 화려한 광고지가 "꼭 우리 가게에 들러 주세요"라고 이야기하듯 길에 뿌려지는 전도지 역시 "꼭 우리 교회에 들러 주세요"라고 말할 뿐이다.

수백 장의 전도지를 들고 나가 한두 시간 안에 다 소진시키기 원하는 전도자는 지나가는 사람들 하나하나에 관심을 기울일 수가 없다. 뿌리기 방식의 전도에서 중요한 것은 결국 통계이다. 전도지를 몇 장 나누어 주었는가, 몇 명이 긍정적인 반응을 보였나, 몇 명이 교회에 찾아왔는지만 남는다. 그들 가운데 몇 명이 등록했고, 1년 후 정착률은 얼마나 되는지 살피는 동안 우리의 마음은 숫자들로 채워진다. 거기엔 인격이 들어설 여지가 별로 없다.

그들은 사람인가 목표물인가

전도에 탁월한 능력을 가진 몇몇 성도는 '전도왕'이란 칭호를 받는다. 그들은 자신만의 독특한 전도법을 개발하는데, '고구마 전도법'이 그중 하나다. 고구마가 다 익었는지 알아보려면 젓가락으로 찔러 보면 된다. 이처럼 전도 대상자에게 몇몇 질문을 던져 반응을 봄으로써 이 사람이 얼마나 익었는지 알아보고 다음 행동을 결정하면 된다고 한다. 질문과 반응을 통해 사람의 내적 상태를 알아본다는 것은 좋다. 그러나 사람을 고구마 같은 대상으로 보려는 태도는 문제가 있다. 전도법의 내용을 보면 전도 대상자를 비인격적인 대상으로 보는 말들이 가득하다. 푹푹 찔러 봐도 무방한 사물처럼 사람을 대한다.

'진돗개 전도법'도 있다. 한번 물면 끝까지 놓지 않는 진돗개의 사냥 방식을 적용한 것이라고 한다. 전도 대상자를 사냥감처럼 여기는 것 역시 거북하다. 교회가 이런 전도법에 거부감을 나타내지 않을 뿐 아니라 전도왕을 초청해서 자신의 성도들에게 전수하려고 애쓰는 걸 보면 수단과 방법을 가리지 않고 사람들을 교회로 인도하기만 하면 된다는 생각이 깔려 있는 것 같다. 이는 하나님께서 부탁하신 바가 아니다. 사람을 하나님의 형상으로 바라보고 존귀하게 여기고 내 몸처럼 사랑하라는 것이 예수의 가르침이다. 사람을 고구마나 사냥감처럼 바라보는 태도는 세일즈맨에게는 필요할지 모르지만 그리스도를 전하는 하나님의 자녀들과는 거리가 멀다.

이런 비인격적인 전도 방식에서 인간적인 대접을 받지 못하고 소외되는 이는 전도 대상자뿐만 아니다. 전도자 자신도 소외된다. 예수 그리스도를 말과 삶으로 증거하는 일에 참여하지 못하고 사람들을 유인하고 조작하는 도구가 되도록 훈련받기 때문이다. 그들은 고구마를 찌르는 젓가락이 되거나 사냥감을 쫓는 진돗개가 된다. 많은 사람들을 교회로 데려올 수 있을지는 모르지만, 전도를 통해 내면의 열매를 거두기는 힘들 것이다. 한 영혼이 천하보다 귀하다고 외치며 사람들을 찾아다닐수록 교회 안팎의 사람들 모두 하나님의 사랑에서 소외되니 모순이 아닐 수 없다.

참된 전도는 사람에게 주목한다

교회가 전도를 강조할 때 애용하는 성경 구절 중 "내가 너희로 사람을 낚는 어부가 되게 하리라"막 1:17가 있다. 예수께서 베드로를 제자로 부르시면서 앞으로 할 일을 알려 주신 말씀이다. 여기서 우리의 눈길을 끄는 것은 '낚는다'는 단어다. 우리가 매일 대하는 사람들을 어떻게 낚아야 할지 고민하라는 말씀처럼 다가올 수 있다. 하지만 이 말을 직접 들은 베드로의 입장에서는 그렇지 않다. 그가 매일 하는 일이 고기를 낚는 일이었다. 베드로에게 '낚는다'는 말은 새롭지 않았다. 그의 눈길을 끄는 단어는 단연코 '사람'이었을 것이다. 매일 고기 떼가 어디로 가는지 살피고, 바다의 수온을 가늠하고, 어떤 지역에 어떤 어종이 분포하는지 탐색하는 등 모든 관심이 고기에만 쏠려 있었기 때문이다.

만일 베드로가 소나 돼지를 길렀다면 예수께서는 '너는 이제 사람을 기르는 일을 하게 될 것이다'라고 했을 것이다. 만일 베드로가 옷감 짜는 일을 했다면 '너는 이제 사람의 마음을 짜는 직조공이 될 것이다'라고 말씀하셨을 것이다. 예수의 부르심은 우리의 관심을 바꾼다. 물고기에서 사람으로, 가축에서 사람으로, 옷감에서 사람으로 돌리신다. 즉 우리가 하는 일의 궁극적인 목적과 수혜자는 사람이어야 한다는 것이다. 진정한 전도는 다른 무엇이 아닌 '그 사람'에게 관심을 두는 것이다. 전도는 예배당 밖에 있는 사람의 몸뚱이를 예배당 안으로 옮겨 놓는 일이 아니라, 사람의 내면을 만지는 사역이다. 전도를 통해 어떤 열매를 맺었는지 알고자 한다면 숫자만 늘어 놓은 통계로는 충분치 않다. 전도의 열매는 각 사람의 내면과 그의 삶을 들여다볼 때에만 확인이 가능하다.

그에 반해 왜곡된 전도는 '사람의 수'에 주목한다. 머리 숫자를 늘리는 것이 전도라고 여긴다. 사람의 내면에서 일어나는 변화보다는 출석이나 헌금 등 외적인 양상에 더 관심을 둔다. 그래서 한 사람이 예수 그리스도를 만나는 영적인 과정보다는 등록 결정과 교회 조직 적응 과정에 더 신경을 쓴다. 아직 삶의 방향을 찾지 못했는데도, 교회 봉사를 시작하고 십일조를 내기 시작하면 믿음이 좋다고 칭찬하며 안심해 버린다. 그들은 교회가 설정한 목표를 채우는 데 필요한 숫자로 여겨진다. 이 사람이나 저 사람이나 다 같은 '1'일 뿐이다. 그러나 사람이 사람대접을 받지 못하고, 다른 목적을 위한 수단으로 취급되는 것이야말로 예수께서 가장 미워하시는 일임을 아는가.

합리적인 경영인과 안절부절못하는 아버지

비도덕적이고 청결치 못한 사람, 세리, 창녀, 문둥병자와 어울린다는 비난을 받았을 때, 예수께서는 이런 비유를 말씀하셨다. "너희

중에 어떤 사람이 양 백 마리가 있는데 그 중의 하나를 잃으면 아흔 아홉 마리를 들에 두고 그 잃은 것을 찾아내기까지 찾아다니지 아니하겠느냐"눅 18:4. 양 백 마리를 치던 한 목자가 날이 저물어 양들을 모으고 확인한다. 한 마리가 없다는 사실을 발견한 그의 얼굴이 어두워지더니 즉시 자리에서 일어나 지팡이를 찾아 쥐고 험한 골짜기를 향해 뛰기 시작한다. 그는 무슨 생각을 하며 달리는 것일까? 아흔아홉에 만족하지 못하고 백 마리를 꼭 채우고 싶은 마음인가?

이 목자가 손익을 계산하는 사람이었다면 어디로 숨었는지 모를 한 마리 양을 찾아 위험한 모험을 떠나기보다는 남아 있는 양들을 잘 키워서 빨리 번식시키는 것이 나을 것이다. 그러나 그는 안전한 아흔아홉 마리 양의 안락한 주인으로 남기보다 절박한 한 마리 양의 보호자가 되기를 선택한다. 목자는 그 양을 안다. 독특한 걸음걸이와 울음소리, 털에서 느껴지는 감촉과 풀을 먹는 습관을 알고 있다. 그는 늘 양의 이름을 불렀고, 양은 그 목자의 목소리만 따라다녔다요 10:3-5. 바로 그 양이 지금 홀로 남겨져 두려움에 떨며, 자신을 애타고 찾고 있는 모습이 목자의 눈에 선하다. 그래서 그는 달려간다. 이 짧은 비유에서 우리는 합리적으로 행동하는 경영인이 아니라, 냉철한 판단력을 잃어버리고 안절부절못하는 아버지를 본다. 그것이 하나님 아버지의 마음이라면 또한 전도자가 품어야 할 마음일 것이다.

대량으로 생산할 수 없는 구원

참 교회는 한 사람의 삶이 변해 가는 것에서 기쁨과 보람을 느낀다. 참 교회는 재촉하거나 서두르지 않는다. 한 사람이 자신의 죄와 비참함을 깨닫고 예수 그리스도를 발견하기까지 많은 갈등과 두려움과 고독의 시간이 필요하다는 것을 인식하기 때문이다. 한 사람이 교회에 호감을 갖도록 만들고 교인으로 등록하도록 인도하는 것은 몇 주간의 친절과 관심만 가지고도 비교적 쉽게 할 수 있는 일이지만, 그를 그리스도 앞으로 이끄는 것은 오직 성령만이 하실 수 있는 일임을 안다.

그는 예수를 믿고 따르기로 한 결정을 공개적으로 선언하고자 한다면, 교회는 기꺼이 세례를 베푼다. 세례란 그리스도와 함께 자신을 죽음에 내어 주고 그리스도와 함께 부활을 덧입는 것을 나타내는 예식이다. 그리스도로 말미암은 이 죽음과 부활은 한 사람의 일생에서 일어날 수 있는 가장 신비스럽고 위대한 일이다. "내가 너희에게 이르노니 이와 같이 죄인 하나가 회개하면 하늘에서는 회개할 것 없는 의인 아흔 아홉을 인하여 기뻐하는 것보다 더하리라"눅 15:7. 이 땅에서 잠시 살아갈 배우자와 결합하는 결혼식에 비해서, 영원을 두고 치러지는 이 영적 혼인의 중요성은 과소평가되어 왔다. 배우자는 온갖 고심 끝에 선택하면서, 예수를 주님으로 선택하는 것에는 그만한 신중함을 기울이지 않는다. 또 예배당 안에서 치러지는 결혼식에는 온갖 준비와 정성을 기울이면서, 세례식에는 그만한 비중을 두지 않는다.

대학생 시절, 주일 예배 중에 처음으로 군인들의 세례식을 보게 되었다. 교회에서 얼마 멀지 않은 훈련소에서 장병들이 찾아와 단체로 세례를 받은 것이다. 족히 100명은 되어 보였다. 성가대 석에 앉아 찬양을 부르던 나는 세례를 받겠다고 일어서는 그 수많은 젊은이들을 보면서 감격과 흥분이 밀려와 눈물이 났다. 캠퍼스에서는 1년 내내 사람들을 만나도 회심자 한두 명을 얻기가 힘들었는데, 거기엔 100명도 넘는 이들이 예수를 믿겠다고 앉아 있었으니 놀라울 따름이었다.

그런데 의아했던 것은 세례를 받는 장병들이나 세례를 주는 교회나 이 기적과도 같은 사건 앞에서 보이는 무덤덤한 태도였다. 어떻게 이토록 무덤덤할 수 있냐고 물어보자 누군가 말했다. 군대에서의 세례는 다분히 의례적인 것이고, 특별한 결단을 하지 않고도 받기 쉽다고 했다. 사회에 나가면 이 가운데 다수가 교회도 다니지 않을 거라고 덧붙였다. 충격이었다.

세례의 의미를 올바로 세우는 것은 교회의 중요한 역할이다. 출석한 지 반 년이나 지났으니 세례를 받는 것이 당연한 순서라거나, 진정한 회심이 없는 사람에게 선심 쓰듯 세례를 베풀어서는 안 된다. 짧은 기간에 많은 사람에게 세례를 주는 것이 사역의 성공처럼 보일지 모르지만, 쉽게 세례를 주고 가볍게 축하하는 관습은 세례가 별것 아니라고 말하는 것과 다름없다. 교회가 자신의 사역을 스스로 저평가하는 셈이다.

예수의 마음으로 한 사람을 바라보는 교회는 그렇지 않은 교회에 비해 비효율적이고 덜 생산적일 가능성이 높다. 한 사람, 한 사람에게 마음을 기울이다 보면 수십 명을 한꺼번에 인도하는 데는 재

주가 없다. 하나님의 특별한 섭리가 없는 한, 구원을 대량으로 생산해 내는 일을 잘 감당해 내지 못한다. 목자의 심정으로 한 사람을 찾는 교회라면 자신의 비전을 '큰 교회 만들기'로 삼는 데 주저할 수밖에 없을 것이다.

11.
팔이 밖으로
굽으시는
하나님

교회는 자신을 하나님의 선택을 입고 구원받은 우월한 존재로 인식하는 반면, 이 세상은 버림받은 곳이며 따라서 무가치하고 멸망받을 대상으로 바라보곤 한다. 그러나 이런 생각은 하나님의 은혜와 섭리를 바리새인처럼 오해한 결과이다. 교회는 세상을 비난하고 저주하기 위해 세워진 것이 아니라, 세상을 섬기고 복되게 하도록 선택받은 존재이다.

자기중심적 확신

2011년 서울시장 보궐선거가 있을 때였다. 서울의 한 대형교회의 목사가 "사탄에 속한 사람이 시장이 되면 어떻게 되겠는가?"라고 예배 중에 했던 말이 인터넷과 SNS를 타고 알려지면서 사회적 이슈가 되었다. 이 발언은 비난의 대상이 된 후보를 지지하던 사람들뿐만 아니라, 대부분 시민들의 반발을 불러일으켰다. 그렇지 않아도 기독교의 배타적·독선적 신앙에 불쾌함을 느끼던 사람들을 격동시킨 셈이다. 또한 2011년에 일본을 휩쓸었던 대지진을 두고 어느 기독교 지도자는 "일본의 지진은 우상숭배 때문"이라고 말해 논란을 빚었다. 이 말에는 한국은 기독교가 널리 퍼져 우상숭배가 적기에 그런 재앙을 당하지 않았다는 상대적인 자부심도 담겨 있는 듯하다. 교회 밖의 사람들은 마귀의 하수인과 다르지 않으며, 하나님은 기독교와 무관하게 살아가는 사람들을 미워하는 분이라는 시각을 드러낸다. 이런 발언은 단지 특정 목사의 생각에 불과하다고 넘어가면 좋겠지만 문제는 공개적으로 발설하지는 않더라도 비슷한 생각을 하는 기독교인들이 적지 않다는 것이다. 그리고 나도 그런 생각을 갖고 살았다.

위에서 예로 든 사건들은 한국 교회가 갖고 있는 배타적·독선적 태도를 그대로 드러낸다. 독선적 태도란 나처럼 생각하고 믿는 것이 올바르며, 나와 다른 신앙이나 가치관을 가진 사람은 모조리 틀렸다고 보는 태도이다. 또 나와 생각이 다른 사람은 내가 있는 공간에 함께 공존할 수 없으므로 나가야 한다고 믿으며, 바깥에 있는 사람이 들어오려면 나의 생각에 굴복해야 하고, 굴복하기 전에는 어떤 타협이나 대화가 불가능하고 무의미하다고 여기는 태도이다. 몇 사람이라도 전도할 수 있다면 다른 사람은 불쾌하게 만들어도 괜찮다는 생각, 믿는 않는 이들이 겪는 재앙은 마땅하다는 생각, 이슬람이나 불교 등 다른 종교를 표방하는 국가나 단체는 하루 속히 망해야 한다는 생각 등도 다 맥락을 같이한다.

물론 진리는 그 자체적으로 배타성을 안고 있다. 어느 것이 진리라고 선언하는 것은 그 외의 것은 진리가 아니라고 단언하는 것과 같기 때문이다. 문제가 되는 배타성은 진리에 대한 확신이 아니라, 내 선택과 내가 속해 있는 것에 대한 자기중심적 신뢰와 집착을 의미한다. 진리를 우주의 중심으로 이해하기보다는, 나의 믿음과 내가 속한 단체를 모든 것의 중심에 두는 경향에서 나오는 것이다. 오늘날의 교회가 보이는 배타성을 다루기 위해서는, 과연 하나님께서 교회와 세상에 대해 어떤 시각을 갖고 계신지 짚어 보아야 한다. 마음속으로는 교회 밖 사람들을 깔보면서 단지 입조심하는 것만으로는 교회가 당면한 위기를 피해 갈 수 없다.

이스라엘을 다루시는 하나님

이스라엘 민족은 하나님의 특별 대우를 받은 것이 분명하다. 하나님은 그들의 역사에 직접적으로 개입하셨고, 그들을 자신의 자녀처럼 부르셨다. 이는 이방 민족이 얻지 못한 특혜이자 보호였다. 출애굽과 가나안 정복 시에 이스라엘 민족의 유일성은 더욱 두드러진다. 이집트는 이스라엘 백성을 노예에서 해방시키라는 하나님의 명을 거절하다가 무서운 심판을 받게 되었다. 모세의 인도로 홍해를 건넌 이스라엘 백성이 뭍으로 나오자마자, 이집트 병사들은 세찬 물살에 떼죽음을 당했다. 또 가나안을 정복할 때 하나님은 이스라엘에게 그 땅의 백성을 불쌍히 여기지 말고 전멸시키라고 명하셨다. 이스라엘이 그들의 죄를 본받지 않도록 함이었다.

"네 하나님 여호와께서 네게 넘겨주신 모든 민족을 네 눈이 긍휼히 여기지 말고 진멸하며 그들의 신을 섬기지 말라 그것이 네게 올무가 되리라"신 7:16.

이스라엘은 가나안 땅에 대해 소유권을 주장할 근거가 전혀 없었음에도 하나님의 말씀과 권능을 힘입어 결국 그 자리를 점령하게 된다. 이런 측면을 보았을 때, 오늘날의 영적 이스라엘이라 불리는 교회가 믿지 않는 이방인들, 즉 비기독교인들의 세력을 적대시하고 굴복시키는 행위가 정당화되는 듯하다.

그러나 구약의 역사를 '하나님의 비호를 업고 이방인들을 정복하는 이스라엘'로 보는 것은 금세 한계를 드러낸다. 먼저, 가나안 족속의 멸절은 무엇보다도 그들의 죄악에 대한 하나님의 심판이었다.

"네가 가서 그 땅을 얻음은 너의 의로움을 인함도 아니며 네 마음이 정직함을 인함도 아니요 이 민족들의 악함을 인하여 네 하나님 여호와께서 그들을 네 앞에서 쫓아내심이라"신 9:5.

이스라엘은 심판의 도구로 사용되었을 뿐, 그들을 심판할 권한이나 정당성이 있었던 것이 아니다.

이스라엘이 하나님 앞에 범죄했을 때 일어난 일들을 보면 더 명확해진다. 하나님은 이번에는 이방 민족을 일으켜 이스라엘을 정벌하셨다. 가나안 민족을 긍휼히 여기지 말라고 명하셨던 하나님은 이번에는 이스라엘을 긍휼히 여기지 않겠다고 선언하신다.

"내가 너를 아껴 보지 아니하며 긍휼히 여기지도 아니하고 네 행위대로 너를 벌하여 너의 가증한 일이 너희 중에 나타나게 하리니 너희가 나를 여호와인줄 알리라"겔 7:4.

선택을 받은 이스라엘이라도 이방 민족과 마찬가지로 죄악이 끝까지 다다랐을 때는 하나님의 심판을 면할 수 없었던 것이다. 이스라엘은 무조건 감싸고 타 민족은 무조건 멸망시키는 신은 성경의 하나님이 아니다.

두 번째로, 이스라엘과 이방 민족의 관계는 다분히 영적인 의미를 띠고 있다. 이스라엘을 위협하던 이방 민족은 오늘날 특정 국가나 단체로 존재하기보다는 세상과 사람들을 지배하는 영적 세력으로 나타난다. 이스라엘이 가나안 국가들과 전쟁을 했다면, 오늘날의 교회는 교만과 탐심과 불의의 영과 싸워야 한다. 강대국에 노예로 끌려갔던 이스라엘 사람들의 해방과 회복은 예수의 복음을 듣고 하나님 안으로 들어오는 것으로 재현되어야 한다. 이스라엘이 자신의 백성 가운데 율법을 멸시한 행악자를 처벌했다면, 오늘날의 그리스도인은 자신 안에 영혼과 육체를 갉아먹는 악한 습관이나 죄가 있지 않은지 돌아보고 단호히 거절해야 한다. 이스라엘과 이방 민족 간의 전쟁을 기독교 국가와 이슬람 국가 간의 전쟁과 연결시키거나 교회와 다른 종교 단체 간의 대립에 비유하고 '하나님의 이름으로 승리'하기를 기원하는 것은 옳지 않다.

사실 구약의 교훈보다도 더 명확한 말씀이 있다. 바로 예수 그리스도의 삶과 가르침이다. 예수께서는 사람들 가운데 사시면서 하나님이 어떤 분이신지 밝히 드러내셨다. 당시 유대교에 속한 내부 사람들과 그렇지 않은 외부 사람들을 예수께서 어떻게 대하셨는지 살펴볼 때, 오늘날의 교회가 어떤 태도를 지녀야 하는지가 한층 더 분명해진다.

의사가 쓸데없는 자들

우리는 복음서에서 급진적이고 파격적인 예수의 행동을 자주 만난다. 그는 여호와를 신앙하는 이스라엘 사람들의 예상을 자주 뒤엎었다. 하나님의 아들이라면 율법에 순종하며 예배와 기도와 선행에 열심인 이들을 칭찬하고, 율법을 떠나 살고 있는 이들을 나무라셔야 할 것이다. 성적 타락을 조장하는 창녀들을 향해서는 당장 자기 집으로 돌아가라고 소리치셔야 정상이었을 것이다. 로마에 빌붙어 동족을 착취하는 세리들을 향해서는 매국노라고 꾸짖으셔야 옳았다.

그러나 예수의 태도는 예상과 크게 달랐다. 먼저 당시 종교 지도자들을 크게 책망하면서, 그들이 하나님을 알지도 못하고 하나님의 뜻을 저버렸다고 하셨다. 그들의 신앙적 열심이 하나님을 향한 것이 아니라 단지 사람에게 보이기 위한 허울뿐이라고 지적하셨다. 율법을 지키는 모양새를 내는 데에만 관심 있고, 율법의 정신은 저버렸다고 말씀하셨다. 예수는 이런 과감하고도 선지자적인 발언 때문에 금세 종교 지도자들의 미움을 받게 되었다.

사람의 내면 깊은 곳에 자리 잡고 있는 악의 실체를 날카롭게 지적하고 그 자리에 하나님의 진리를 선포하는 것에 대해 추호의 거리낌도 없었던 예수셨지만, 다른 경우에는 놀랍도록 관용적이고 부드럽다. 그는 그 시대의 죄인들인 거지, 병자, 창녀, 세리들과 어울려 잔치를 열고 포도주를 마신다. 율법을 제대로 지키지 않을 뿐더러 배우지도 못한 사람들, 변두리 인생을 살던 비천한 이들에게 하늘의 진리를 말하고 그들의 친구가 되신다. 경건한 이스라엘 사람들이라면 가까이하기 싫은 사람들, 죄에 물들지 않도록 멀리해야 할 이들만 골라서 찾아다니는 사람처럼 보였다. 이런 예수의 모습은 그들이 갖고 있었던 '거룩한 하나님'에 대한 이미지와 전혀 맞지 않았다.

예수의 행동을 보고 어이없어 하는 사람들에게 그는 자신의 행동의 근거를 이렇게 설명하신다. "건강한 자에게는 의사가 쓸 데 없고 병든 자에게라야 쓸 데 있느니라. 나는 의인을 부르러 온 것이 아니요 죄인을 부르러 왔노라"막 2:17. 예수는 하나님의 나라에 들어갈 자격이 없으며 하나님의 은총을 기대할 수 없었던 이들을 찾아가 치료하시고, 하나님의 나라로 초청하셨다. 변두리 인생들이 하나님의 관심이자 예수의 관심이었다.

그렇다면 건강한 사람, 즉 의인은 어떠한가? 그들은 이미 건강하기에 의사가 필요 없을까? 스스로 살아갈 수 있을 만큼 온전한 사람들은 굳이 예수가 필요 없다는 이야기였을까? 여기에는 풍자적인 요소가 있다. 의사가 필요 없을 만큼 건강한 사람은 아무도 없다. 모두가 아프고 병들고 곪아 있다. 그런데 자신이 이미 의인이라고 착각하는 사람은 예수를 만나지 못하고 결국 죄인으로, 병자로 남게 될 것이라는 의미이다. 예수께서 대제사장과 장로들에게 "세리들과 창녀들이 너희보다 먼저 하나님의 나라에 들어갈 것"마 21:31이라고 말씀하신 것도 마찬가지다. 아무 희망이 없다고 한탄하던 이들은 의인이 되며, 의인이라고 자부하고 있던 이들은 죄인으로 남게 되는 것, 이것이 하나님 나라다.

나는 의롭다

예수를 믿고 교회에 속해 있는 우리는 어떠한가? 의인이 된 죄인일까, 아니면 죄인으로 남아 있는 의인일까? 나는 '율법으로 의롭게 되려 했던 바리새인들의 어리석음'에 대한 설교를 수도 없이 들었다. 구원은 예수를 믿음에서 오며 선행에서 오지 않는다고 했다. 의롭다고 내세울 만한 것이 없으니, 오직 예수를 믿음으로 의롭게 되어야 한다고 교회는 가르친다. 그래서 대부분의 교회와 기독교인들은 자신이 죄인이라고 고백하기를 서슴지 않는다. 기도할 때마다 '세상에서 죄만 짓다가 나왔다'고 고백하며, 사람들 앞에 설 때마다 곧잘 '저는 너무나 부족해서'라고 말하곤 한다. 그러나 이런 겸손한 태도가 교회 밖의 사람들을 대할 때는 크게 바뀌는 듯하다.

적어도 나는 그랬다. 밤새 술을 마시고 길에서 비틀거리는 사람들, 성적인 농담을 즐기는 이들을 보며 생각했다. '저러다가 큰 벌을 받고 말지.' 주일날 여기저기 놀러 다니는 비기독교인들을 보며 '하나님을 섬길 줄 모르는 불쌍한 사람들'이라고 혀를 차며 예배당에 들어갔고, 제사상 앞에서 절하는 사람을 볼 때는 우상숭배가 가장 큰 죄임을 생각하며 몸을 떨었다. 저런 죄인들과 같지 않음을 감사하고, 저들과 다른 존재가 되었다는 사실에 뿌듯했다.

우리는 율법을 잘 안다고 자부하던 종교 지도자들처럼 성경을 아는 사람이라고 자부하고, 주일을 성수하고 헌금을 착실히 내므로 모범적인 신자라고 여긴다. 창기나 이혼자들과 달리 가정에 충실하고, 술과 담배를 가까이하지 않는 것을 대견스럽게 생각한다. 또 절을 싫어하고 유교 풍습인 제사도 드리지 않으며, 이슬람에 대해서는 아무 관심이 없으며, 오직 기독교의 편에만 서기 때문에 뼛속까지 기독교인이라고 생각한다. 만일 이런 행동들을 근거로 '나는 저들과 달리 의롭다'는 결론에 이른다면 율법 조항들을 덜 어겼기에 남들보다 의롭다고 믿었던 바리새인과 다를 바 없다.

세상의 풍조를 따르지 않고 열심히 교회 생활을 하는 것은 좋은 일이다. 하지만 그런 활동이 우리를 우월하게 만들어 주지는 못한다. 입버릇처럼 말하듯, 우리를 건져낸 것은 오직 은혜이다. 이 은혜를 망각하고, 종교 행위가 우리를 더 의로운 사람으로 만든다고 믿기 시작할 때, 우리는 더 이상 죄인의 구원자 예수가 필요치 않은 교회가 된다. 십자가로 구원받았다는 고백은 계속 이어지더라도 예수의 복음은 교회 내에서 사라지고 말 것이다.

은혜를 입은 자는 은혜를 베푼다

복음서에는 용서 이야기가 자주 나온다. 몇 번까지 용서해야 하냐고 베드로가 물은 것을 보면, 예수께서 제자들에게 얼마나 용서를 강조해 왔는지 짐작할 수 있다. "도대체 그럼 언제까지 용서를 해 주라는 겁니까?" 그런 어감이 느껴진다. 이에 대한 대답으로 예수께서는 의미심장한 비유 하나를 말씀하신다. 1만 달란트라는 거액의 빚을 진 종이 결산의 날에 임금 앞에서 어쩔 줄 몰라 당황하고 있는데, 임금은 그를 불쌍히 여겨 다 탕감해 준다. 그 종이 뛸 듯이 기쁜 마음으로 자기 마을로 돌아가 만나는 사람마다 붙들고 자랑하는 장면을 쉽게 그려볼 수 있다. 그러나 이 이야기의 결말은 그리 행복하지 못하다.

그가 이번에는 자기에게 소액을 빚진 채무자 하나를 만나는데 문득 생각이 났는지 돈을 어서 갚으라고 충동한다. 상대가 갚을 돈이 없다고 하자 멱살을 잡고 끌고 가 옥에 가둬 버린다. 이 사실을 전해 들은 임금은 크게 노하여 신하들에게 그 종을 다시 잡아 오라고 명한다. 자비롭던 임금은 굳은 얼굴과 단호한 목소리로 말한다. "악한 종아 네가 빌기에 내가 네 빚을 전부 탕감하여 주었거늘, 내가 너를 불쌍히 여김과 같이 너도 네 동료를 불쌍히 여김이 마땅하지 아니하냐?"마 18:32-33

이 비유를 적용해 보면, 1만 달란트의 빚을 탕감받은 자는 오늘날의 그리스도인들이며 교회이다. 우리들은 그 은혜를 감사하며 찬송하고 있다. 하지만 그것으로 끝이 아니다. 우리들이 다른 빚진 자들을 어떻게 대하고 있는지 돌아보아야 한다. 우리 임금이 그랬듯이 빚을 감해 주거나 용서해 주고 자유롭게 해주고자 애쓰는가? 혹 그들의 잘못을 추궁하고 채무 상태를 다 떠벌리며 구원받지 못한 사람이라고 비웃지는 않는가?

우리가 은혜를 입었다면 남에게 베푸는 은혜를 낳아야 한다. "하나님의 은혜와 예수의 공로로 구원을 받았다"는 고백은 '그러므로 우리도 남을 용서하자, 우리도 다른 사람을 불쌍히 여기자'라는 다짐으로 이어져야 한다. 진정 은혜를 입었다면, 그 은혜는 우리 마음을 움직일 것이다.

팔이 밖으로 굽으시는 하나님

예수께서 보여 주신 하나님은, 하나님의 품에서 먼 사람들에게 관심을 기울이고, 그들에게 다가가고, 자비를 베푸시는 하나님이셨다. 반면에 하나님은 이미 품 안에 있다고 믿는 이에게는 자못 엄한

듯 보인다. 하나님을 안다고 하는 사람은 하나님을 올바로 섬겨야 하며, 주님을 믿는다고 하는 사람은 주님께서 하신 말씀대로 행해야 한다고 하셨다. 용서를 받았다고 믿는 사람은 자신도 용서를 베풀어야 한다. 그렇지 않으면 용서를 취소하겠다고 하신다! 이미 은혜를 입은(혹은 입었다고 생각하는) 자를 엄하게 경고하심은 우리로 하여금 이 은혜를 오해하지 않도록 하기 위해서이리라. 우리는 쉽게 환상에 사로잡혀 그 은혜를 내 의로움과 내 우월함으로 가져가려는 본능이 있기 때문이다. 또 받은 은혜를 극대화하기 위해 은혜를 아직 입지 못한 사람들의 비참함을 즐기려는 못된 성향을 갖고 있기 때문이다.

오늘날 교회가 은연중 내비치는 하나님은 교회 안의 사람들에게는 한없이 자비롭고 교회 밖의 사람들에게는 심판의 칼을 갈고 있는 하나님처럼 보인다. 하지만 예수께서 보여 주셨던 하나님은 반대이다. 탕자의 비유에서 하나님은 착실한 첫째 아들이 분노할 정도로 둘째 아들에게 파격적인 호의를 베푸시는 분이다. 천국의 비유에서는 아침부터 와서 일한 사람이 불공평하다고 항의할 정도로 늦게 온 자에게 은혜로운 분이다. 강도짓을 하다가 죽음 직전에 예수께 자비를 호소한 이를 예수는 기꺼이 받아들인다. 이런 이야기들은 하나님께서 그의 품 안에 이미 들어와 있는 사람만을 특별히 사랑하고 보호할 것이라는 기대를 무너뜨린다. 하나님은 교회 된 우리가 시기하고 분노할 만큼 그들을 사랑하신다.

한완상 씨는 《예수 없는 예수 교회》에서 이러한 하나님의 마음을 "팔이 밖으로 굽으시는 하나님"이라고 묘사했다. 참으로 적절한 표현이다. '하나님은 기독교인보다 불교인에게 더 관심이 많다. 하나님은 예배를 드리고 있는 사람들보다 술로 마음을 달래고 있는 사람들을 더 사랑하신다. 하나님께서는 저들을 도와줄 사람이 필요해서 우리를 일꾼으로 부른 것이다.' 우리가 하나님의 사랑과 보호를 독차지한다는 이기적인 상상에서 벗어나는 데 위와 같은 생각이 도움을 줄 것이다.

교회는 대문 밖에 서서 자꾸 바깥을 향해 눈길을 돌리시는 아버지를 이해하려고 노력해야 한다. 그 뜻을 따라 우리도 그곳으로 눈을 돌려야 한다. 그들을 설득시키고 굴복시켜 교회로 데려오기 위한 사냥꾼의 눈이 아니라, 사랑하고 아끼는 긍휼의 눈이어야 한다. 아버지와 같은 긍휼의 마음으로 살아야 한다. 그렇지 않으면 우리 역시 하나님의 심판을 피할 수가 없을 것이다. 야고보가 말한 바와 같다. "긍휼을 행하지 아니하는 자에게는 긍휼 없는 심판이 있으리라 긍휼은 심판을 이기고 자랑하느니라"약 2:13.

12.
천국은
'우리' 예배당
안에

기독교의 핵심에는 사랑이 있다. 이 사랑은 성도들 간의 사랑뿐 아니라, 교회 밖의 사람들에 대한 사랑을 포함한다. 그러나 대부분의 교회는 세상 사람들의 삶과 그 가운데 벌어지는 정치, 경제, 사회적 상황에 무서우리만큼 무관심한 경향을 보인다. 바깥 세상에 무관심한 교회는 하나님의 교회라 할 수 없다.

세상 신문이 주는 도전

몇 년 전 일이다. 점심을 먹으러 찾아든 식당에서 신문 하나를 펼쳤는데 용산 참사 문제를 다룬 기사가 눈에 들어왔다. 유가족들이 정부를 상대로 지난 사건 해결을 요청하며 길고 지난한 길을 걷는 동안 그들과 함께하는 한 신부와의 인터뷰 내용이었다. 그 신부는 자신과는 아무 직접적 관련이 없는 사건에 뛰어들어 끝을 알 수 없는 세월을 보내고 있었다. 이 일을 왜 하느냐고 묻는 기자에게 그는 누가복음의 말씀으로 대답했다. "누가 나의 이웃입니까?"눅 10:29 그는 용산 참사를 겪은 가족들이 자신의 이웃임을 깨달았고 그 앎을 실천하고 있었다.

깨끗한 식당에 앉아 잘 차려진 밥을 먹으면서도 직장에서의 번

잡한 일에 대해 다소 불만을 갖고 있었던 나는 갑자기 가슴이 메어져 왔다. '그 신부와 같은 예수를 믿는 나는 지금 어디에 있는가?' 고통을 당하는 자의 이웃이 되기엔 내 삶이 여전히 너무 호사스러웠다. 저녁 뉴스를 거의 보지 못하는 나는 가끔 신문을 볼 때에야 나와 다른 처지에 놓인 사람들의 존재를 의식하게 된다. 그리고 내가 어떻게 살아야 하는지 다급히 묻게 된다.

세상 신문에서도 이런 도전을 주는 기사들을 만날 수 있어 다행이다. 주변의 아픔에 관심을 기울이고 이를 독자들에게 전달하고자 노력하는 모습이 엿보인다. 신문에 실린 독자들의 논평 곳곳에도 진정 어린 관심과 사랑이 담겨 있다. 세상 사람들이 보여 주는 소외된 이웃에 대한 관심이 예수 믿는 나의 그것보다 더 진지하고 깊은 것 같아 얼굴이 붉어진다.

반면 교계나 기독 단체에서 펴내는 신문에서는 그런 관심을 보기가 쉽지 않다. 어떤 목사가 중요한 자리에 새로 선출되었다는 소식이 전면에 실리고, 큼지막한 사진과 함께 교단의 발전에 힘쓰겠다는 다짐이 지면을 채우곤 한다. 또 어디에 선교센터를 지었으며, 선교사를 몇 명 파송했으며, 교회성장 세미나를 성공리에 개최했다는 등 온통 우리네 소식만 가득하다. 홍수 피해가 난 곳에 성금 얼마를 전달했으며, 불우이웃을 돕기 위한 바자회나 장애우들을 위한 콘서트 등을 열었다는 기사도 그 초점이 '그들을 도와준 우리의 활동'에 있는 경우가 많아서 이 땅의 현실을 직시하고 그들의 아픔을 읽기 어렵다.

설교나 모임, 성도들의 대화에서도 마찬가지다. 세상 음지의 이야기를 듣고 고민할 기회는 좀처럼 없다. 나라가 들썩이는 초대형 비리가 터지고, 이웃나라에 재앙이 벌어지고 아이들이 바다에 갇혀 나오지 못해도 대부분의 교회는 큰 관심을 보이지 않는다. 세상에서 어떤 일이 벌어지고 있든 개의치 않고, 교회는 한 치의 흔들림 없이 묵묵히 자기의 길을 간다는 느낌이 든다.

침몰하는 세상

세상과 그 안에 있는 이들을 사랑하느냐고 묻는다면 교회는 그렇다고 대답할 것이다. 그들을 사랑하기 때문에 죽어 가는 영혼들을 살려야 하며, 영원한 불 못에 떨어질 저들이 불쌍하다고 소리를 높인다. 그들의 영혼을 구원하기 위해 전도와 선교에 총력을 기울여야겠다고 말한다. 일리 있는 말이다. 영원한 멸망을 피하게 해주는 것보다 더 시급하고 중요한 일이 어디 있겠는가. 영원한 복을 얻게 해주는 일에 비하면 잠시 살아가는 이 세상에서 그들을 도와주고 행복하게 해주는 일은 미미해 보일 수 있다. 나도 역시 그렇게 생각했다. 정치, 사회, 경제, 역사, 문화가 어떻게 흘러가든 그것은 중요치 않다고 보았다. 사후 세계가 천국이냐, 지옥이냐가 진정 중요한 문제였고, 교회는 오직 십자가와 부활 이야기만 전하면 된다는 생각을 가졌다. 그러나 그것은 틀린 생각이었다.

이런 관점을 고수하게 되면, 병든 몸을 치료하고 배고픈 이에게 먹을 것을 주고 교육의 기회를 상실한 어린이들에게 학교를 지어 주는 일은 그리 중요하지 않게 된다. 100명의 굶주린 아이들을 먹이는 것보다, 한 명에게 성경 이야기를 들려주어 예수를 믿게 하는 것이 더 중요한 사역이라고 믿게 된다. 당연히 학교보다는 예배당을 먼저 지어야 한다는 결론이 도출될 것이다. 심지어 교회 야유회를 준비하는 것이 국가의 민주화를 위해 애쓰는 것보다 중요하다고 생각될 수도 있다.

유명한 전도자였던 무디는 이 세상을 '침몰하는 배'로 보았다고 한다. 침몰하는 배에서 할 일은 오직 하나, 사람들을 배에서 구출해 구명복을 입히고, 구명선에 태우는 것뿐이다. 무디의 관점에서 보면 이 세상 역시 침몰하는 배와 같아서, 이 세상을 아름답게 가꾸고 좋은 제도를 고안하는 것은 좋은 일이긴 하지만 시급하고 중요하지는 않다. 아마 한국의 대다수 교회도 이런 시각으로 세상을 바라보지 않을까 생각된다.

한국에 오신 예수

예수께서는 이 세상을 어떻게 바라보셨을까. 사람들의 영혼을 죽음 이후에 천국으로 인도하는 데만 주력하셨는지, 아니면 사람들이 살아가는 지금 이곳의 삶에 관심을 기울이셨는지 보자. 예수께서는 무엇보다도, 백성들과 함께 사셨다. 회당에서 성경을 가르치기도 하셨지만 결혼식에 초청을 받기도 했고, 세리의 잔치에 가서 먹고 마시기도 했다. 창녀와 더불어 이야기하는가 하면, 사마리아 여인과도 영적인 대화를 주고받았다. 또 병자들을 고치고 아이들과 함께 있는 것을 좋아하셨다. 예수의 이런 행동들은 우리들의 눈에도 다소 놀라워 보이지만, 그 당시의 사회 상황을 고려해 본다면 가히 파격적이다. 병자, 죄인, 여자, 아이, 사마리아인들을 가까이한다는 것은 그 당시의 '거룩'의 개념과 너무나 거리가 멀기 때문이다. 그의 행동은 '하나님의 아들'이라는 호칭과 어울리지 않아 보였고, 그래서 바리새인과 율법 교사들로부터 "먹기를 탐하고 포도주를 즐기는 사람이요 세리와 죄인의 친구"눅 7:34라는 비난을 받았다. 예수의 삶이 사회적·경제적·종교적 하층민들과 얼마나 밀착되어 있었는지 알려 주는 대목이다.

예수께서는 또한 정치적으로 민감한 발언까지 서슴지 않았다. 지도자들의 위선과 허위를 폭로함으로써 그들의 기득권을 흔들었다. 그들이 이스라엘 백성들을 억압하고 하나님의 은혜로부터 천한 백성들을 분리시키려고 할 때 "하나님은 그런 분이 아니다"라고 말씀하시며 가난한 백성들이 여전히 하나님의 사랑과 보호의 대상임을 밝히셨다. 예수께서 특별히 정치 활동을 하신 것은 아니지만, 그의 가르침이 당시 사회의 보편적인 가르침과 크게 달랐다는 것만으로도 그의 말과 행동은 다분히 정치적인 이슈가 되었다. 예수는 '백성들을 선동하는 자', '로마에 대항하여 폭동을 일으킬 자'로 오해받을 만큼 사회적 관습을 벗어난 급진적인 행동을 하셨다. 또한 그는 모든 백성들이 황제를 신으로 떠받드는 로마 제국 안에서 자기 자신을 하나님의 아들이자 곧 이스라엘의 왕이라고 선언함으로써 로마 황제의 권위를 훼손하고, 백성들이 참으로 섬길 분이 따로 있다는 것을 천명하셨다. 예수께서 죽임을 당하게 된 것도 이렇게 정치적으로 민감한 사항들을 건드리셨기 때문이다.

만일 예수께서 매주 정해진 시간에 회당에서 강연만 하는 조용한 설교자로 살았거나, 주위 사람들에게 착한 일을 하라고 권고하는 부드러운 도덕 선생에 머물렀다면 그는 소동을 일으킬 필요도, 십자가를 져야 할 일도 없었을 것이다. 그러나 그는 하나님의 나라가 이 세상의 구조와 다르며, 하나님의 시각은 이 세상의 가치관과 같지 않음을 보여 주셨다. 그리고 하나님의 나라가 이 세상 안에 존재하게 될 때는 기존의 틀을 끊임없이 변화시키고 개혁시킬 수밖에 없음을 보여 주셨다. 하나님 나라와 내세를 믿는다는 것은 현세를 포기하거나 세상으로부터 도피하는 것이 아니었다. 오히려 그분은 지금 여기서 하나님 나라를 살라고, 그 나라의 법과 질서를 이루어 가라고 가르치셨다. '하나님 나라는 결코 사람들의 외모나 능력, 출신을 가지고 차별하지 않는다'라고 믿는 사람은 지금 여기서 그렇게 행동해야 하고, 사람들이 차별받는 세상을 그대로 방치해서는 안 되는 것이다. '사람들이 차별을 받으면 좀 어때. 세상이란 게 원래 그런 거지'라고 넘어가면 하나님 나라의 가치와 현재성을 부인하는 것과 다름없다. 하나님께서는 교회 된 우리의 삶과 행동을 통해 그 나라의 가치와 실재를 이 세상에 보여 주시기 원하신다. 우리는 결국 둘 중 하나의 방식으로 살게 된다. 주어진 사회와 시스템에 안주한 채 하나님 나라를 억누르고 살든지, 하나님 나라를 받아들이고 사회의 흐름과 관습을 거슬러 하나님의 뜻에 따라 살아가든지 말이다.

오늘날의 한국 기독교는 이 세상에 대하여 신선하고 정의로운 목소리를 내는 대신, 주변 세상에 대해 담을 두르고는 안전한 종교의 틀 안에만 머무르려는 경향을 띤다. 세상이 무슨 일을 하든, 자신을 직접적으로 건드리지만 않는다면 바깥에 대해 무관심한 채 자기 내부의 일에만 몰두하는 듯하다. 우리가 믿는 예수는 역사적 흐름과 아무 상관 없는 천상의 존재처럼 보인다. 복잡한 현실로부터 벗어나 있는, 종교적이고 얌전하고 점잖으며 오직 내세에 대해서만 가르치는 인물로 축소되어 버렸다.

예수께서 만일 2천 년 전 유대 땅이 아닌, 21세기의 한국 땅에 오셨다면 어떻게 행동하실지 상상해 보자. 어디에서 무슨 일을 하실까? 대형교회를 운영하는 설교자가 되었을까? 아니면 전국의 교회를 순회하는 부흥강사로 일하실까? 확성기를 들고 노방전도를 하실까, 아니면 국제적인 성경공부 센터를 만드실까? 아닐 것이다. 아마도 예수는 사람들 가운데서 함께 사실 것이다. 그는 동네 슈퍼에서, 카페에서, 길에서, 공원에서, 또 결혼식과 초상집에서 만날 수 있을 것이다. 그는 사람들을 만나고, 먹고, 마시며 대화하는 것을 즐기셨을 것이다. 때로는 우리의 형편에 깊이 공감하고 위로하며, 때로는 우리의 해이한 태도를 꾸짖고, 때로는 자신을 따르라며 만만치 않은 요구를 하실 것이다.

그는 이 사회의 가장 낮은 곳에서, 이 사회로부터 외면당한 사람들과 함께할 가능성이 크다. 노동자들의 회합에 자주 나타나기에, 전국노조위원장이 되려 한다는 모함을 받을지도 모른다. 또 가출한 청소년들의 친구가 되며, 알코올 중독자와 동성애자들과도 가까이 지낼지 모른다. 막걸리를 즐기는 사람이라고 놀림 받을 수도 있다. 그의 주변엔 신학자들, 목회자들, 자선사업가들보다 전과자, 환자, 사회부적응자들이 더 많이 모여들 것이다.

그러나 오늘날의 교회에서 이런 모습의 예수를 보기란 쉽지 않다. 교회는 너무나 세련되고 빈틈없으며, 너무 단정하고 깨끗해서 비천한 사람들이 다가가기엔 거리낌이 있다. 오늘날의 교회는 부유한 사람들, 유식한 사람들, 높은 지위를 가진 사람들, 정장을 차려입은 말쑥한 신사 숙녀들에게 더 잘 어울리는 듯하다. 그리고 바깥의 어둠 가운데 있는 자들이 쉽게 들어올 수 있는 공간을 만들기보다, 세상의 복잡한 이야기와 바깥의 혼란으로부터 격리된 안전하고 닫힌 공간을 만들고자 애쓴다. 교회는 가장 높은 자리에 둥지를 틀고 앉아 들어올 수 있는 사람과 들어올 수 없는 사람을 명확히 구분했던, 예수 시대의 성전을 닮았다. 하나님의 심판을 피할 수 없을 것이라고, 벽돌 한 장 남지 않을 것이라고 예수께서 경고하셨던 그 성전 말이다.

거대한 건물 안에 우리의 예배실과 우리의 도서관, 우리의 식당, 우리의 카페, 우리의 휴식처를 구축하고 우리에게 주시는 은혜를 누리고 우리에게 복 주시는 하나님을 찬양하는 것을 보면 마치 천국을 자신의 건물 안에서 구현하려는 노력 같다. "천국은 우리 예배당 안에"라고 자랑하는 교회는 가장 낮은 곳에 내려가, 가난한 자들과 함께하면서 "천국은 너희들의 것"이라고 선포하신 예수와 너무도 다르다.

누가 우리의 이웃인가

예수께서는 관념적인 신앙을 경계하셨다. 예수께서 말씀하신 신앙이란 곧 '행동'을 의미하는 것이었다. 한 율법교사가 예수께 찾아와 무엇을 해야 영생을 얻겠느냐고 물었다. 거기까지 읽었을 때 나는 "내가 너의 죄를 위해 죽을 테니 그 사실을 믿음으로 받아들이면 된다"라는 답을 기대했다. 그러나 예수께서는 네가 아는 그것을 행하라고 하셨다. 율법교사가 내가 사랑할 이웃이 누구냐고 재차 묻자, 예수는 강도 만난 자의 비유를 말씀하신다.

이 비유에는 노중에 강도를 만나 피 흘리며 쓰러져 있는 사람을 대하는 제사장과 레위인 그리고 사마리아인이 등장한다. 제사장과 레위인은 '거룩한 일'을 수행하는 종교 지도자였고 사마리아인은 이방인과의 혼혈 자손으로서 정통 이스라엘 자손으로 불리지 못했다. 이스라엘 사람들의 신성한 의무인 예루살렘 성전의 정기 방문도 수행하지 않는, 유대교의 전통에서 꽤나 멀어진 사람들이었다. 철두철미한 신앙인의 관점에서 보자면 그들은 육체적으로, 영적으로 타락한 경계 대상이었다.

제사장은 길에 쓰러진 사람을 보고 피해서 지나간다. 아마도 그는 중요한 직무가 있어 쓰러져 있는 사람을 돌볼 여유가 없었는지 모른다. 레위인도 역시 다른 길로 지나간다. 죄의 대가로 강도를 만나 쓰러진 사람은 굳이 도울 필요가 없으며 혹시 피라도 묻으면 자신의 거룩함이 손상될 것이라고 생각했을지 모른다. 그러나 지나가던 사마리아인은 쓰러진 사람을 불쌍히 여겨 급히 치료를 해주고, 여관에 데려다 준 후 비용을 내고 자신이 원래 가려던 길을 떠났다. 일을 마치고 돌아올 때 다시 그 여관에 들러 나머지 비용을 내겠다고 하면서 선처를 부탁하는 것도 잊지 않았다.

예수께서는 '네 이웃을 네 몸과 같이 사랑하라'는 계명을 따른 이가 바로 사마리아인임을 지적하신다. 제사장은 자신의 직무에 충실했을지 모르지만 말씀을 따르지 못했다. 레위인도 자신의 거룩함은 유지했을지 모르나 가장 중요한 계명을 저버린 사람이 되었다. 사마리아인은 '순수 신앙'에서 멀리 떨어져 있던 사람이었지만, 그는 하나님의 말씀을 순종한 사람이 되었다.

이 비유를 오늘날 어떻게 적용해야 할까? 정통 교회에 속하여 정통 신앙을 갖고 있다고 자부하는 우리를 꼬집으신 것은 아닐까? 교회에서 주어진 의무를 다하느라 고통 중에 있는 이웃을 외면하고 있는 모습을 지적하신 것이 아닐까? 구원은 믿음으로만 가능하다고 되뇌면서, 불행한 사람들을 도와주는 비기독교인들을 향해 그런다고 구원받는 게 아니라고 폄하하는 우리의 태도를 꾸짖는 것이 아닐까?

마태복음의 양과 염소의 비유는 더욱 충격적이다. 이 비유는 우리의 기대와는 완전히 다른 심판의 기준을 제시한다. 예수께서는 지극히 작은 자를 먹이고 돌보고 영접한 것이 바로 주님에게 한 것이며, 지극히 작은 자를 외면하고 버려 두고 무관심한 것이 곧 주님을 홀대한 것이라고 말씀하신다. 그리고 지극히 작은 자에게 행한 행동에 따라 심판의 결과가 갈린다고 가르치신다. 우리가 어떻게 살든 예수가 나를 위해 죽으신 것만 믿으면 구원을 얻는다고 했던 우리의 확신을 무색케 한다. 예수의 가르침은 하나님의 관심이 '지극히 작은 자'에게 있으며 교회의 관심 또한 그래야 함을 극명하게 나타내고 있다.

상류로 올라가 보자

어려움에 처한 이웃을 위해 할 수 있는 일은 구제나 선교만이 아니다. 그들을 위해 변호하고, 필요한 법을 제정·개정하고, 누구나 인간답게 살아갈 수 있도록 시설을 구축하거나 소외된 이들의 실상을 널리 알리는 것 모두가 사랑을 베푸는 일이 될 수 있다. 즉 정치적·제도적 노력이 포함된다. 이는 신앙심 깊은 그리스도인들이 종종 간과하는 부분이다.

여전히 노예제도가 존속하는 시대에 살고 있는 자신을 생각해 보자. 예수를 믿게 된 당신은 집의 노예들에게 멸시하는 말을 그치고 과중한 일감을 주거나 학대하지도 않겠다고 결심했다. 더 나아가 그들을 노예가 아닌 친구와 똑같이 대우하게 될지도 모른다. 어느 날 당신은 자신의 노예를 통해 옆집 노예의 사정을 알게 된다. 힘든 일을 견디다 못해 탈출을 감행하다가 주인에게 붙잡혀 손가락이 잘리는 벌을 받게 되었다고 한다. 당신은 그 노예 생각이 머리에서 맴돌아 잠을 못 이루다가 다음 날 아침 일찍 그 집 주인을 찾아간다. 노예도 우리와 동등한 사람이니 부디 자비를 베풀라고 간청한다. 그러나 그 주인의 태도는 완강하다. "내가 무슨 잘못이라도 했소? 내 재산인 노예가 법을 어기고 탈출하려 해서 그 죄에 마땅한 벌을 준다는데 왜 당신이 간섭을 합니까?" 어떤 생각이 들겠는가? 주인의 냉혹함만을 탓할 수 없으며, 노예제도 자체에 악이 있다는 것을 알게 될 것이다. 개인의 양심에 호소할 뿐 아니라 노예제도 자체와 싸우지 않을 수 없다는 것을 깨닫게 될 것이다. 그 후로는 정부에서 노예제도와 관련된 정책을 수립할 때 관심을 갖게 되고, 선거가 있을

때마다 노예제도의 개선 또는 폐지의 의지를 가진 인물을 지지하게
될 것이다. 개인이 선행을 행하는 것과 사회 정의를 위해 애쓰는 것
차이를 보여 주는, 잘 알려진 예화를 하나 더 소개해 본다.

> 강이 흐르는 곳에 한 마을이 있었다. 어느 날 강가에서 놀던 아
> 이들은 물 위에 세 아이가 떠내려오는 것을 발견했다. 아이들의
> 이야기를 듣고 달려온 어른들은 재빨리 그들을 건져 내었다. 한
> 아이는 이미 죽어 있어서 장례를 치렀고, 한 아이는 병원에 입원
> 시켰다. 세 번째 아이는 한 가정이 맡아 키우기로 했다. 그러나
> 그것으로 끝이 아니었다. 그 뒤로 매일 사람들이 떠내려오는 것
> 이었다. 신앙심이 깊은 마을 사람들은 계속해서 응급처치를 하
> 거나 살 길을 마련해 줌으로써 도움을 베풀었다. 그 일은 몇 년
> 이고 계속되었다. 그러나 마을 사람들 중 어느 누구도 강의 상류
> 로 올라가 거기서 무슨 일이 벌어지는지 확인하려 하지 않았다.

떠내려 온 불행한 이들을 돕는 것이 개인적인 선행이라면, 강의
상류로 올라가 이 불행의 근원을 살피고 그것을 제지하려는 노력은
사회 정의와 연관되어 있다. 만일 우리가 사회의 약자들이 처한 상
황을 이해하고 그들의 자리에 서보려고 애쓴다면 얼마나 많은 사회
적 폭력과 불평등과 억압이 도처에 가득한지 보게 될 것이다. 때론
사회 구조나 제도를 바꾸는 것이 불행한 사람들을 돕는 가장 효과
적인 길임을 발견하게 될 것이다.

이처럼 그리스도인과 교회가 성령 안에서 이웃을 사랑하게 될

때는, 자신의 영향력이 미치는 범위 안에서 개인적으로 선행을 베푸는 것과 더불어, 사회 구조와 정치에도 자연스레 관심을 갖고 개혁에 참여하게 된다. 구약성경에서 하나님은 선지자들의 입을 빌려, 정치적·사회적인 제도를 통해 약자들을 돌보는 것을 누차 강조하신다. "너희는 스스로 씻으며 스스로 깨끗하게 하여 내 목전에서 너희 악한 행실을 버리며 행악을 그치고 선행을 배우며 정의를 구하며 학대 받는 자를 도와주며 고아를 위하여 신원하며 과부를 위하여 변호하라 하셨느니라"사 1:16-17. 같은 맥락에서, 약자들을 이용해 자신의 이익을 추구하는 자들에게는 경고를 내리신다. "가난한 자를 불공평하게 판결하여 가난한 내 백성의 권리를 박탈하며 과부에게 토색하고 고아의 것을 약탈하는 자는 화 있을진저"사 10:2.

힘없는 사람들이 강자로부터 정당한 권리를 빼앗기고 모욕과 멸시를 당하는데도 교회가 이에 무관심하고 방관한다면 이는 하나님의 마음과 뜻을 이해하지 못한 것이다. 시민들이 정치에 직접 참여하는 오늘날의 민주사회에서는 특히 그리스도인과 교회가 사회의 구조와 제도에 관심을 기울일 필요가 있다. 침묵하는 교회는 자신의 의도와 달리 저절로 사회의 악에 가담하게 된다.

고통받는 사람들은 오늘도

오늘날 한국의 교회가 관심을 가져야 할 사회의 고통과 악은 어떤 것일까? 지금 우리 사회는 어느 때 못지않게 위기와 불안의 목소리가 커지고 있다. 가장 먼저 왜곡된 성공주의를 꼽을 수 있다. 덜 고생하고 미래에 대해 덜 불안해하며, 더 높은 수준의 삶을 살고자 하는 욕망은 인간적이고 자연스러운 것이나, 지금은 그 욕망의 크기가 정도를 지나쳤다. 성공하기 위해서 적절한 쉼과 사색, 친구와 우정, 정의와 시민의식 등 모든 것을 희생할 수 있다고 여기고, 그런 희생을 감수하고 일인자가 된 사람을 부러워하는 분위기는 결코 정상이 아니다. 한국이 성형 대국이라 불리우게 된 것도 이와 무관치 않다. 교회는 이 성공주의의 내면에 자리 잡은 악과 어리석음을 폭로하며, 이 욕망을 떨쳐 냄으로써 인간답게 살아가는 길을 보여 주어야 한다.

또한 청소년과 젊은이들을 죽음에까지 몰아 가는 것이 한국 교육의 현주소이다. 교육이라는 미명하에 학생들이 삶의 정당한 권리를 빼앗기고 성적으로 사람의 가치를 평가하는 비인간적이고 참담한 사태를 바로잡아야 한다. 교회는 죽음 후에 있을 지옥만 이야기할 것이 아니라, 우리 눈앞에 버티고 서 있는 '입시 지옥'에서 소중한 영혼들을 감싸 안고 구해 내는 데 관심을 가져야 한다.

외국인들이 국내로 많이 들어옴에 따라 다문화 가정과 인종 다양화 문제가 부상하고 있다. 흑인을 차별하였던 과거 백인 기독교인들의 편견과 횡포를 거울삼아 낯선 사람들을 이웃으로 맞아들이기 위해 마음을 열어야 할 때가 되었다. 이방 나그네를 압제하지 말고 불쌍히 여기라고 강조하셨던 하나님의 말씀에 따라 교회는 이 부분에 있어서 사회의 본이 되어야 할 것이다.

전 세계적으로 대두되고 있는 환경 문제 또한 교회가 관심을 기울여야 할 영역이다. 우리가 사는 땅은 하나님의 섭리와 질서를 따라 창조되었고, 우리에게 맡겨 주신 것이기에 땅을 보존하고 지혜롭게 관리할 청지기적 사명이 있다. 근래에 큰 이슈가 되었던 4대강 사업을 볼 때, 천주교나 불교계는 어느 것이 자연과 국민을 참으로 살리는 것인가 고민하고 자신들의 견해를 표출하고 국민들의 의식을 일깨우려 노력하였다. 그에 반해, 이 문제에 관심을 기울인 개신교 측은 소수의 사람들에 불과했다. 이는 개신교 신자들이 신앙의 영역으로 인정하는 범위가 매우 협소함을 보여 준다. 생태계 보호, 조화로운 개발, 핵 발전 문제에 대해 교회는 하나님의 뜻이 무엇인가 물으며 이 사회를 향해 올바른 목소리를 낼 뿐만 아니라, 교회의 성도들이 자신들의 은사에 맞게 환경 문제에 참여할 수 있도록 지원하고 격려해야 할 것이다. 이외에도 교회가 관심을 기울여야 하는 영역은 매우 넓다.

한 지역 교회가 온갖 문제들과 상황에 속속들이 관심을 기울이고 다방면에 재정과 인력을 투입하기를 기대할 수는 없을 것이다. 하나의 지역 교회가 가진 역량은 그리 크지 않다. 한 그리스도인이 특정한 은사를 지니고 있는 것처럼, 각 지역 교회도 은사와 강점을 갖고 있다. 또 교회가 처한 상황에 따라 더 관심을 기울이고 효과적으로 일할 수 있는 부분이 있다. 성도들 가운데 다문화 가정을 이루고 있는 사람들이 있다면 외국인들을 돌보고 지원하는 사역을 자연스럽게 시작할 수 있다. 성도들 가운데 교사가 많다면 교육에 대해 남다른 관심과 전문성을 나타낼 수 있을 것이다.

혹 교회 차원에서 당장 특정한 운동을 계획하거나 전개하지 못하더라도 성도들이 각자의 삶의 터전에서 세상 사람들을 섬기도록 격려하고, 마음으로 기도로 지원해 주는 것으로도 큰 기여를 할 수 있으리라 믿는다. 세상 속에서 세상을 보듬고 치유하고자 애쓰는 성도들이 늘어나면, 자연스레 공동체가 어떤 방식으로 세상을 섬겨야 할지 이야기가 오갈 것이다. 교회는 성령께서 그런 이야기와 움직임을 일으키시기를 기대하고 기다려야 한다.

사랑이 없으면 아무것도 아니다

사랑을 행하는 것은 교회가 해야 하는 사역 중의 하나가 아니다. 그것은 본질에서 흘러나오는 자연스러운 속성이다. 감기에 걸리면 기침이 나올 수밖에 없듯 예수를 믿으면 사랑을 할 수밖에 없다. 요한은 이렇게 말한다. "하나님은 사랑이시라. 사랑 안에 거하는 자는 하나님 안에 거하고 하나님도 그의 안에 거하시느니라"요일 4:16. 또, 바울은 이렇게 말한다. "내가 사람의 방언과 천사의 말을 할지라도 사랑이 없으면 소리 나는 구리와 울리는 꽹과리가 되고, 내가 예언하는 능력이 있어 모든 비밀과 모든 지식을 알고 또 산을 옮길 만한 모든 믿음이 있을지라도 사랑이 없으면 내가 아무 것도 아니요, 내가 내게 있는 모든 것으로 구제하고 또 내 몸을 불사르게 내줄지라도 사랑이 없으면 내게 아무 유익이 없느니라"고전 13:1-3.

예수께서는 이렇게 말씀하셨다. "새 계명을 너희에게 주노니 서로 사랑하라 내가 너희를 사랑한 것 같이 너희도 서로 사랑하라" 요 13:34. 하나님은 사랑이시며, 하나님께서 우리를 향해 기대하는 최상의 것도 사랑이다. 하나님이 우리 안에 계시면 우리는 사랑을 하게 된다. 사랑이 없다는 것은 아직 하나님을 모르고 있다는 뜻과 같다. 믿음도 기적을 행하는 은사도 헌신도 지혜도 지식도 사랑을 잉태하지 않으면 아무 의미가 없다. 어떤 이가 참된 그리스도인인지 아닌지 나타내는 표지는 사랑이다. 우리의 신학이 올바른지, 교회의 성경공부가 실효성이 있는지, 우리의 예배가 하나님이 기뻐하시는 예배인지 확인하는 중요한 시금석은 그 안에서 하나님의 사랑이 흘러나오는가이다.

우리가 사랑할 때, 비로소 사람들이 우리가 예수의 제자인 줄 알 것이다.요 13:35. 교회가 사랑에 의해 움직일 때 비로소 교회는 자신이 진정 하나님의 교회이며, 그리스도의 몸이라는 것을 증명하게 된다. 하나님의 사랑이 기독교의 출발이고, 그 사랑에 힘입어 다른 이들을 사랑하는 것이 기독 신앙의 완성이다. 사랑에 대한 성경의 가르침은 너무나 명료해서 사랑하지 않는 그리스도인이나, 사람들을 사랑하는 것보다 여러 사역에 더 바쁜 교회로 하여금 어떤 변명도 델 수 없게 만든다.

나가며

13.
세련된
사람이 가기
힘든 교회

교회가 현재에 당면한 모순과 고착된 틀에서 벗어나서 진정한 교회로 회복되는 데 필요한 청사진은 예수 그리스도의 삶과 가르침에 있다. 예수의 생명을 의지하고 그의 가르침과 그의 공동체로 돌아가려고 할 때, 우리가 가야 할 길이 보일 것이다.

평신도가 본 교회의 위기

지금까지 한 성도의 시각에서 보고 느낀 '교회의 위기'를 여러 가지 측면에서 이야기하였다. 여기서는 앞에서 한 이야기들을 정리하고, 그렇다면 이제 무엇을 해야 할지 이야기해 보고자 한다. 이 장에서는 교회의 측면에서, 다음 장에서는 개인의 측면에서 살펴본다.

우리 내부를 살핀 전반부에서는, 교회가 자신을 부르신 하나님께 무관심하고 하나님의 뜻을 살피는 데 소홀함을 언급하였다. 자신의 정체성을 하나님 안에서 발견하는 대신, 자신의 존재 목적과 사역의 방향을 교회가 스스로 정의하려 하였다. 그런 교회의 이상은 복음 전도라는 명목으로 많은 사람들을 불러 모아 큰 규모를 이루고, 훌륭한 건물을 갖추며, 세상도 무시하지 못할 영향력을 갖는 것이다.

신앙 부흥이 가져오는 이런 외적인 결과물에만 집착하게 된 나머지, 교회는 사람들의 가장 깊은 내면을 변화시키는 복음의 능력에 무지하고 무관심하게 되었으며 사람들을 쉽게 움직일 수 있는 리더십이나 조직력, 세미나와 홍보 기술 등을 더 의지하게 되었다. 교회의 외적 성장과 직접적인 관계가 없는 그리스도의 고귀한 가르침들은 교회 내에서 점차 사라지고, 대신 다수의 관심을 끌 수 있는 '형통하게 하시는 하나님'만이 강조되었다.

거대한 집회와 세련된 찬양, 다양한 행사, 많은 헌금, 열정적인 기도회 등은 계속되고 있지만 순전한 기쁨과 거룩한 삶을 사는 능력, 용서와 화해와 사랑의 정신은 고갈되어 예수 없이 사는 사람들보다도 메마르고 경직되고 비도덕적인 태도를 갖게 되었다. 이런 교회에서 자라난 대다수의 신자들은 참된 기독교가 무엇을 믿고 어떻게 살아가는 것인지 배우지 못했다.

후반부에서는 교회가 참되신 하나님에 대한 경외심을 잃어버림으로써 세상을 바라보는 시각도 왜곡되었음을 살펴보았다. 예수 그리스도를 통해 세상 '속으로' 보내심을 받았음에도 교회는 자신을 세상과 분리시켜 종교적 영역에만 머무르려 하였다. 세상을 사랑하도록 보내심을 받았지만, 교회는 세상을 정죄하고 무시하고 업신여기는 태도를 보여 왔다. 세상을 치유하고 생명을 불어넣는 사명을 받은 교회는 오히려 세상을 굴복시키고 지배하려 하였고, 자신을 내어 주기보다는 자신의 힘을 강화시키려 애썼다.

교회의 이런 자세는 결국 하나님께서 어떤 분이시며 하나님 나라가 어떤 나라인지에 대해 세상에 그릇된 인식을 심어 주었다. 예수께서 자신의 모든 것을 쏟아부어 사랑과 의와 평화를 이루는 하나님을 드러내신 것에 반해, 교회는 자신에게 공을 들이고 정성을 바치는 사람만 돌아보는 편협한 신, 거래하는 하나님을 보여 주었다. 예수께서는 이 땅에 와 계시고 우리 가운데서, 우리와 같이 사시는 임마누엘의 하나님을 보여 주셨건만, 교회는 인간 세상에서 일어나는 일에 무관심한 저 구름 위의 신을 보여 주고 말았다. 세상은 예수께서 선포하셨던 바로 그 복된 소식, 여전히 우리를 사랑하고 우리와 함께 고통받으며, 결국 우리를 구해 내실 것이라는 그 복음을 접하지 못하고 있다.

성도 수는 위기의 기준이 아니다

성도들의 수가 줄어든다고 염려하는 목소리가 많지만, 그 자체가 위기는 아니다. 원래 기독교는 대중적인 인기를 보장하는 종교가 아니기 때문이다. 기독교의 가르침은 대다수 사람들의 구미에 맞추기에 무리가 있다. 또 세상 사람들의 지나친 비판이 교회를 무너뜨리고 있으며, 교회를 지켜 내기 위해 이 악의 세력을 제압해야 한다고 주장하는 것도 적절하지 않다. 역사적으로 보더라도 세상의 비난과 핍박은 교회를 무너뜨리지 못했다. 만약 그것 때문에 무너지고 약해진 것이 있었다면 그것은 아마 처음부터 교회가 아니었을 것이다. 요즈음 이단들이 성행하여 교회를 어지럽히고 있지만, 이단이 완전히 사라지면 교회가 제자리를 찾을 것이라고 기대하는 것도 순진한 생각이다.

세상이 교회에 무관심하거나, 교회를 향해 날카로운 비판을 하거나 공격을 해오는 것은 우리가 주목해야 할 문제의 핵심이 아니다. 우리가 참으로 두려워할 대상은 교회 '안'에 있다. 교회를 무너뜨리는 가장 무서운 적은 교회 자신이 하나님을 버리고 떠나려는 불신앙이기 때문이다. 하나님을 갈망하지 않는 모임들, 성령께서 일하지 않아도 아무 지장 없이 운영되는 견고한 제도와 조직들, 예수 그리스도의 가르침에 착념하지 않으면서도 수많은 설교와 교훈들을 쏟아 내는 모습이야말로 우리가 두려워할 것들이다.

교회 안에서 하나님의 임재와 생명의 힘을 경험할 수 없다는 점을 우리는 슬퍼해야 한다. 새 생명, 새 능력, 새 삶을 약속하고 있는 진리를 아무도 경이로워하지 않고, 기대하지도 않은 채 현재에 만족하고 있는 교회의 모습은 결코 정상이 아니다. 더 안타까운 것은 교회가 자신의 영적 빈곤을 별로 심각하게 여기지 않는 태도이다. 교회는 여전히 스스로 만족하고 있으며 확신에 가득 차 있다. 교회가 내놓는 홍보 자료들을 보라. 자신들이 얼마나 완벽한 교회인지 강조하는 데 여념이 없다. 모든 진리를 알고 있고, 행복의 길을 확실하게 제시할 수 있으며, 하나님의 비밀을 훤히 꿰뚫고 있는 듯 말한다. 우리들이 지금까지 걸어온 길에 아무 문제가 없으며 다만 앞으로 얼마나 더 빨리 갈 수 있느냐가 관건인 것처럼 행동한다. 이처럼 자신의 믿음과 행위를 점검하고 반성하기보다 현재 갖고 있는 신념과 활동을 강화하기만 하려는 교회는 애처롭기만 하다.

탄식하는 교회를 보기 힘들다. 성도들의 수가 줄어든다며 전도에 힘을 쏟자고 외치는 교회는 많다. 예배당 건축을 위해 모두가 일어나 앞장서야 한다고 독려하는 교회도 있다. 교회에 불리한 법이 하루속히 개정되어야 한다며 서명 운동을 벌이는 교회도 있다. 이런 식의 열정과 열심을 내는 교회는 많다. 그러나 성령께서 우리 가운데 함께하지 않으신다고 슬퍼하는 교회를 본 적이 있는가? 재정은 튼튼하고, 성도들은 계속 늘어나고, 프로그램은 돌아가고 있지만 그럼에도 우리의 내면은 텅 비어 있고 목이 마르다고 외치는 교회를 보았는가? 목마르다고 외치는 성도가 있으면 의심의 눈초리로 바라보는 곳이 교회가 아니던가? 왜 우리의 모임 가운데서 하나님의 임재를 경험할 수 없는지, 왜 우리는 이웃의 고통에 이토록 무심한지, 왜 우리의 삶은 예수의 말씀과 이토록 동떨어져 있는지 물으며 가슴을 치는 교회를 보았는가? 먹을 것이 없어서 죽어 가는 사람들이 가득한 세상에서 자신은 불필요한 일에 재물을 낭비하고 있는 현실에 고통스러워하는 교회를 본 적 있는가? 모든 교회는 불완전하다. 하지만 진정한 교회라면 적어도 이런 갈급함과 안타까움과 슬픔이 있어야 하지 않겠는가.

예수의 긴급 처방

교회의 문제가 비단 오늘을 살아가는 우리만의 문제는 아닌 듯하다. 다행이라고 해야 할지, 불행이라고 해야 할지 모르지만 교회의 역사를 보더라도 오늘날과 같은 영적 빈곤은 흔하게 나타난다. 특히 교회가 많은 성도들을 거느리고 큰 재력과 정치적 영향력을 갖고 있을 때 영적으로 더욱 무력해지곤 했다. 과거에도, 오늘날에도 교회가 예수의 생명을 깊이 체험하기 쉽지 않다는 것은 의아한 일이다. 하나님께서 자신의 교회에 무관심하기라도 한 것인가? 초대교회 때 역사했던 성령의 역사는 일시적인 것이었나? 지금은 그냥 조용히, 무기력하게 사는 것이 정상인가?

개인적으로 이런 물음을 오래도록 품었던 적이 있었다. '어떻게 우리는 진정한 교회로 거듭날 수 있는가?' 그러다가 요한계시록의 일곱 교회 중 하나인 사데교회에 주신 말씀에서 발견한 것이 있다. 사데교회는 소아시아(지금의 터키) 지역의 일곱 교회 가운데 가장 혹독한 책망을 받았는데, 그 내용은 다음과 같다.

"나는 네 행위를 알고 있다. 너는 살아 있다는 이름은 있으나, 사실 죽은 거나 다름이 없다. 그러므로 너는 깨어서 죽게 된 나머지 부분을 강하게 하라. 네 행위가 하나님 앞에서 완전하지 못하다. 그러니 네가 받은 것과 들은 것을 기억에 되살려 그것을 지키고 회개하라. 만일 네가 정신을 차리지 않으면 내가 도둑같이 가겠다. 너는 언제 내가 너에게 갈지 알지 못할 것이다"계 3:1-3, 현대인의 성경. '살았다는 이름을 가진 교회.' 예수께서는 사데교회를 이렇게 부르신다. 존 스토트는 《예수님이 이끄시는 교회》에서 다음과 같이 부연 설명을 하고 있다.

> 사데교회는 이름을 얻었다. 발전하는 교회라는 명성이 사방에 널리 퍼진 것이 분명하다. 도시와 동네에서 좋은 평을 받았고, 다른 여섯 교회들에게도 그 활기가 소문났다. 사데 교제권 안에

는 어떤 거짓 교리도 없었다. 발람이니 니골라 당이니 이세벨이니 하는 말이 전혀 없다. 방문객들은 그들의 예배에 참석하거나 활동을 지켜보며 "사데교회는 정말 살아 있구나!"라고 감탄했을 것이다. 정말 그런 것 같았다. 회중 규모도 당시로서는 꽤 컸고 계속 성장 중이었으며, 수많은 훌륭한 사역도 행했을 것이다. 그들은 돈이나 재능이나 인적 자원이 부족하지 않았다. 어느 모로 보나 활력과 생기가 있었다.

오늘날 한국 교회의 모습과 비슷하지 않은가? 유명한 목사가 시무하고, 성도들도 많이 모이고, 하는 일도 많은 교회, 사람들의 입에 자주 오르내리는, 한마디로 한국의 잘나가는 교회와 같다. 하지만 주님의 판단은 사람들의 생각과 달랐다. 예수께서 보시는 것은 겉모양이나 사역의 규모나 교인들의 표정이 아니다. 주님은 그들의 내면을 꿰뚫어 보신다. 그래서 말씀하신다. 심각한 상태다! 남은 생명마저 언제 끊어질지 알 수 없다. 넌 죽기 직전이야!

사데교회에 대한 예수의 처방은 다급하고도 핵심적이다. 죽기 직전인 사람의 팔에서 가시를 뽑는 사람은 없다. 얼굴에 무엇이 묻어 있든, 옷이 발가벗겨져 있든 개의치 않는다. 우선 허파와 심장을 작동시키는 것이 급선무이다. 예수께서도 교회의 생명과 직결된 긴급 처방을 내리신다. "그러므로 너는 깨어서 죽게 된 나머지 부분을 강하게 하라." 정신을 차리라고, 어떤 꿈을 꾸고 있든 관계없이 당장 깨어나라고 하신다. 눈을 뜨고 네 상태를 보라고 촉구하신다. 위기의식을 가지라는 것이다. 그리고 아직 죽지 않고 남아 있는 부분을 되살리라고 하신다. 어떤 부위들은 상황이 너무 나빠서 가망이 없다. 지금은 살 가망이 있는 것들에 집중할 때이다. 마치 썩어 가는 팔이나 다리를 절단해서라도 생명을 건져 내려는 노력을 연상시킨다. 지금은 사태가 너무 심각해서 온몸을 건져 내기는 어렵다. 일단 살기위해서는 많은 부분을 버리고 포기해야 한다.

우리의 교회도 그런 상황이 아닐까. 우리가 정말 영적 생명을 되찾고자 한다면 많은 것들을 포기해야 할지 모른다. "교회를 개혁하는 것도 좋지만 그러다가 성도들이 다른 교회로 빠져나가 버리면 어떻게 하겠습니까", "과거 5년간 계획해 왔던 선교 센터는 어떻게 하란 말입니까", "올해는 중요한 일이 많아서 아무것도 변경해서는 안됩니다. 2년 후쯤에나 다시 고려해 봅시다" 등 현실적인 염려를 갖고 있는 우리에게 하시는 말씀 같다. 지금 그런 것을 염려할 때가 아니다! 이대로 가다간 아예 죽고 만다! 우리가 정말 살아야 한다는 절박감을 갖고 있다면 우리가 좋아하고 아끼고 자랑스레 여기는 것들 가운데 상당 부분을 기꺼이 버릴 각오를 해야 할 것이다.

그다음 해야 할 일은 '처음에 받은 것과 들은 것을 기억해 내어' 그것으로 돌아가는 것이다. 우리들의 교회도, 사데교회도 교회로서의 출발점이 있었다. 하나님께서 그들을 예수 그리스도 안에서 불러내신 그때이다. 그들이 그 부르심에 반응해서 일어섰을 때 비로소 교회가 시작되었다. 아마도 사데교회의 출발은 좋았을 것이다. 그들은 자신이 무엇을 믿는지, 예수 안에서 산다는 것이 어떤 것인지 잘 알고 있었을 것이다. 그리고 예수 안에서 풍성한 생명을 누렸다. 그러나 시간이 흐르면서 처음 가졌던 뜻들이 흐려졌고 다른 것들에

점차 마음을 빼앗기게 되었다. 그들은 보이지 않고 불확실한 성령 대신 확실한 사람들, 돈, 제도, 기구들을 의지하기 시작했다. 그들은 조직을 확장했고, 새로운 사역을 계속 첨가했다. 그것이 복음의 진보요 하나님 나라의 발전이라고 믿었지만, 초기에 품었던 목적과 자신이 가야 할 길에서 벗어나 버리고 말았다. 수단으로 취했던 것들이 더 본질적인 목적들을 밀어내고 들어와 앉아 버린 것이다. 사실 우리들도 교회적으로나 개인적으로 이런 '변질'들을 자주 경험하고 있지 않은가.

원래의 길에서 너무나 많이 벗어나 버렸기에 처음에 가려고 했던 길이 무엇인지 기억나지 않을 정도가 되어 버렸다. 이런 경우에는 상황을 파악하고 문제의 해결책을 찾기 위해 사람들끼리 모여 회의만 하는 것으로는 실마리를 찾을 수 없다. 처음 받은 가르침과 들은 것을 기억해 내려면 과거로 돌아가려는 시간과 노력을 들여야만 한다.

처음 받은 가르침과 들은 것을 되새기는 데 절대적인 도움을 주는 것이 성경이다. 우리는 성경을 통해 교회의 시작점, 그 원형의 모습을 찾을 수 있다. 교회를 새롭게 하고자 이들은 종종 사도행전을 참조하며 그와 같은 초대교회의 모습으로 돌아가야 한다고 말하곤 한다. 하지만 사도행전의 기록이 보여 주는 것은 교회의 겉모습이자 교회의 사역과 열매에 가깝다고 생각된다. 교회가 처음 받은 가르침과 들은 것의 풍부한 내용을 사도행전에서 찾기는 어렵다.

만일 우리가 초기 예루살렘 교회에 찾아가 베드로나 야고보에게 그들의 놀라운 삶과 사역의 비결이 무엇이냐고 물어본다면 어떤 대답을 듣게 될까? 매일 모여서 정기적으로 기도하는 것이 가장 중요하다고 할까? 서로 재산을 내놓고 나눠 쓰는 것이 좋은 교회의 필수 요소라고 할 것인가? 또는 매일 전도에 힘쓰면 놀라운 결과가 있으리라고 대답할까?

난 그들이 이렇게 말하리라 생각한다. "어떻게 해야 살아 있는 교회가 되냐고요? 우리는 늘 예수께 집중합니다. 예수를 생각하고, 예수를 말하고, 예수의 부활을 이야기합니다. 그는 진짜 살아났거든요! 그는 진정한 삶이 어떤 것인지 알려 주었습니다. '그가 말한 대로' 우리는 살려고 합니다. 그가 가르친 위험하고도 놀라운 방식으로 말입니다. 예수의 말을 믿고, 그의 부활 생명을 가지고 예수께서 가르친 대로 예수를 본받아 사는 것, 그것이 우리가 추구하는 모든 것입니다."

그들은 예수께로부터 들은 것, 본 것, 예수께서 전해 준 가르침에 굳게 붙잡혀 있었다. 그것이 그들을 매료시켰고 그들의 삶을 지배했다. 그보다 더 중요한 것은 아무것도 없었다. 사데교회가 다시 기억을 되살려 돌아가야 할 것도 바로 그것이었다. 예수의 삶, 예수의 가르침, 예수의 죽음과 부활, 오늘도 살아 계시는 예수의 존재에 붙잡히는 것이다. 그것이 죽어 가는 사데교회가 다시 살아날 수 있는 길이었다.

다시 예수로

M. 프로스트와 A. 허쉬가 쓴 《세상을 바꾸는 작은 예수들》(이

책의 원제목은 'ReJesus'이다. 직역한다면 '다시 예수로'가 될 것이다)이란 책이 있다. 이 책 역시 교회가 '처음에 받은 것과 들은 것'이 무엇이 었는가를 추적하려고 애쓴다. 저자들은 교회가 다시 진정한 교회가 되기 위해서는 '교회의 창시자인 예수께 돌아가 거기서부터 교회를 다시 재구성'해야 한다고 역설한다.

교회가 예수께로 돌아가야 한다니, 조금 이상하게 들릴 수도 있을 것이다. 언제 교회가 예수를 떠나기라도 했단 말인가? 교회의 상징은 예로부터 늘 예수가 달린 십자가가 아닌가. 교회는 늘 예수의 이름으로 기도한다. 교회는 오직 예수를 통해서만 구원을 얻는다고 믿고 가르친다. 교회가 드리는 찬양은 대부분 예수를 통해 나타난 하나님의 사랑과 대속과 구원을 노래하는 것이다. 이 정도면 충분히 '예수적'이라고 할 만하지 않은가?

그렇지 않다. 그는 자신을 향해 '주여, 주여'라고 불러 주는 사람들을 원하지 않고 자신의 말을 듣고 반응하는 사람들을 원했다. 예수는 그때뿐 아니라 21세기를 사는 우리에게도 역시, 우리들 안에 실제로 살고자 오셨다. 그러므로 예수 그리스도는 우리가 믿고 고백하는 교리의 중심일 뿐 아니라, 우리 삶의 내용이 되어야 한다. 십자가에서 이루어진 죄 사함의 능력과 그를 부활시킨 생명의 힘은 우리 일상에서 경험되어야 된다. 그의 가르침과 삶이 다시금 우리 안에서 구현되어야 한다. 예수께서 가르치신 모든 것을 교회가 진지하게 받아들이고, 실제로 거기에 반응해야 한다. 예수의 삶은 우리의 모델이 되며, 교회는 그의 발자국을 따라 행동해야 한다. 예수께서 성령의 이끌림을 받아 그의 생을 살았다면, 우리 역시 그 성령의 움직임을 따라 하루를 살아야 한다. 예수께서 죽음을 통해 영생을 얻는 길로 나아가셨다면, 우리의 삶 역시 비슷한 운명을 맞을 수 있음을 인식해야 한다.

만일 교회가 지금까지 해오던 모든 일들을 멈추고, 예수께로 돌아가 그의 말에 귀를 기울인다면 무슨 일이 일어날까? 교회가 선입견 없이 복음서를 다시 읽고, 그 안에서 새롭게 예수를 만나면 어떤 변화가 생겨날까? 그 예수를 의지하고, 그 앞에 무릎을 꿇고 그의 말을 따라 살겠다고 결정한다면 무슨 일이 일어날까?

먼저는 예수의 관심과는 거리가 먼 우리들의 관심사가 교회의 생각과 행동을 지배해 왔음을 깨닫게 될 것이다. 그리고 예수를 배우고 경험하고 그를 따르는 데 도움이 되지 않는 많은 일과 행사들이 교회의 몸을 얽어 매고 있음을 보게 될 것이다. 우리는 순간 깜짝 놀라게 되리라. "우리가 대체 지금까지 뭘 하고 있었던 거지?"라고 자문하며 말이다. 스스로 정한 목표들과 불필요한 의무와 관습들을 몽땅 내다 버리고, '예수 안으로 부르시고', '세상 안으로 보내시는' 그 음성에 귀를 기울이고 온몸으로 반응할 때 비로소 우리는 교회의 본 모습을 되찾게 될 것이다.

세련되지 않은 공동체

이상적인 교회에 대한 하나의 정형화된 그림을 그리는 것은 불가능할뿐더러 바람직하지도 않을 것이다. 교회는 시대와 상황에 따라 조금씩 다른 모습을 띠는 것이 자연스럽고, 하나님께서는 교회를 그리스도 안에서 통일시키면서도 다양성을 촉진하시기 때문이다. 그러나 성경의 가르침과 교회의 역사를 통해, 참된 교회가 갖는 몇 가지 특성들을 되새겨 보며 우리의 거울로 삼는 것은 유익할 것 같다. 우리가 참된 교회로 회복된다면 다음과 같은 특징이 두드러지게 나타나지 않을까 조심스럽게 상상해 본다.

첫째, 교회는 세련되고 점잖은 사람들이 선뜻 들어가기 꺼려지는 독특한 집단이 될 것이다. 교회는 모든 것을 다 갖춘 사람들이 여유로운 시간을 보내려는 사교 모임이 아니라, 예수 외에는 다른 자랑할 것이 없는 가난하고 연약한 사람들의 모임일 것이다. 고상하고 깔끔하고 점잖은 교회를 상상하고 찾아온 사람은, 아픈 사람과 실패한 사람, 갖가지 중독으로 고생하는 사람들이 교회 안에 북적대는 것을 보고 깜짝 놀랄 것이다. 그들은 예수께 자신의 희망과 인생을 맡긴 사람들이다. 그들이 가진 가장 중요한 확신은 하나님께서 연약한 중에 있는 그들을 부르셨다는 것이며, 친히 그들 가운데 거하시는 하나님을 가장 큰 재산으로 삼는다.

둘째, 그들에게 교회란 가족과도 같다. 그들은 '하나님 나라'라는 운명에 뛰어든 가족이다. 그들은 비참한 자신보다 더 비참한 이들을 가족으로 받아들인다. 그들과 삶을 공유한다. 한 하나님 안에서 기쁨과 슬픔을 나누고, 식사와 마음을 나누고, 서로를 가르치고 서로에게 배움으로써 한 몸이 된다. 식사를 통해 예수를 먹고, 서로의 얼굴을 통해 예수를 만나고, 서로를 도와줌으로써 하나님을 섬긴다.

셋째, 그들은 교회 모임뿐만 아니라 삶 속에서 믿음을 고백하려 할 것이다. 그들은 정의를 추구하고, 자신과 같이 연약한 자를 불쌍히 여기며, 용서하고 사랑함으로써 예수를 믿는다는 사실을 고백하고 확인할 것이다. 늘 예수를 품고, 그를 따르기에 자신의 말이나 행동 앞에 굳이 '예수'라는 구호를 내세우지 않을 것이다. 그들은 모든 행위가 예배임을 알기에, 예배를 몇 번 드렸는지 세려고 하지 않을 것이다. 마찬가지로 기도나 선교, 헌신, 찬양도 삶에 녹아들어 일상이 됨으로써 오히려 그런 단어를 더 드물게 말한다. 믿음의 깊이, 하나님에 대한 신실함이 어떠한가는 자신이 믿는 교리와 말보다는 자신의 삶이 드러낸다는 사실을 안다.

넷째, 목회자는 그들을 돕기 위해 거기 있다. 목회자는 더 이상 그들의 장군이나 상사처럼 보이지 않을 것이다. 목회자는 다른 성도들과 마찬가지로 하나의 은사를 받은 사람에 지나지 않는다. 그는 자신이 받은 비전에 헌신해야 한다고 말하는 대신 성도들 각자가 하나님으로부터 소명을 발견하고 행하도록 도와줄 것이다. 그는 말하는 것보다 듣는 것을 더 잘한다. 사람들은 그의 곁에 있을 때 마음에 평안을 느끼며, 함께 이야기하고 싶은 사람, 닮고 싶은 사람 중 하나일 것이다.

다섯째, 교회의 외적인 특징을 가장 잘 나타내는 말은 '사랑의 열정을 가진 사람들'이다. 내적인 믿음이 성숙할수록 겉으로 드러나는 것은 그들의 확대된 사랑이다. 그들은 마치 사랑이 그들의 유일한 사명인 것처럼, 그들이 존재하는 목적인 것처럼 살 것이다. 그들은 주는 것을 기뻐하고 소외된 자를 껴안으며, 다른 이들을 일으키고 희망을 주기 위해 자신의 재능과 시간을 소비할 것이다. 그들의 관심과 애정은 가족과 공동체를 넘어 이웃과 세상을 향하고, 하나님께서 주신 자연과 만물을 기뻐하고 보호하려 할 것이다.

여섯째, 그들은 세상의 주목을 받을 것이다. 세상은 그들의 독특한 생활방식과 가치관을 보고 기이하게 생각할 것이다. 많은 사람들은 그들의 이타적인 행동에 감명을 받겠지만 일부, 특히 권력자들은 교회를 매우 불편하게 여길 것이다. 권력에 고개 숙이거나 아첨하지 않고 항상 선과 정의를 추구하기 때문이다. 그래서 교회는 종종 권력의 핍박 대상이 된다. 그러나 부드러운 유혹으로도, 날카로운 협박으로도, 심지어 죽음으로도 교회를 움직일 수 없을 것이다. 왕 중의 왕이었던 로마 황제마저도 그들을 굴복시키지 못했던 것처럼 말이다. 교회는 사람들이 선뜻 들어가기 두려워하면서도 동시에 매력적인 무리가 될 것이다.

일곱째, 교회는 단순하고 간소한 삶을 살 것이다. 위로부터 오는 생명을 받아 누리는 것과 생명이 흘러가는 통로가 되는 일 외에는 어느 것도 계획하거나 시도하지 않을 것이다. 그들은 돈과 권력이라는 거대한 우상 앞에 자신이 얼마나 굴복하기 쉬운지 알며, 그런 유혹들을 거부하고 가능한 단순하고 소박하게 사는 삶을 선택할 것이다. 그들의 얼굴은 굳거나 엄격하지 않으며, 어린아이처럼 맑고 생기 있고 유쾌하다. 그들은 가진 것이 많지 않지만 인생의 기쁨과 즐거움을 아는 이들이다. 그들은 왜소하고 무력하지만 실상은 가장 위대한 일을 하게 될 것이다.

교회로서 산다는 것

예수에게서 시작해 교회를 다시 세우는 재구성 작업은 한 번으로 끝나는 것이 아니다. 교회가 이 땅에 존재하는 한 평생 지속해야 할 일이다. 교회라는 이름을 가졌지만 하나님 아닌 것을 바라보고 그것으로 갈망을 채우고, 다른 것에 의지해서 살려는 경향이 있기 때문이다. 그러므로 지금 추구하는 것이 무엇인지, 무엇을 꿈꾸고 바라고 있는지 늘 돌아보아야 한다. 어떤 영이 우리의 생각과 마음의 바닥을 흐르는지, 어떤 영이 교회의 결정들을 만들어 가는지 민감해져야 한다. 정착할 수 없는 나그네와 같이 우리는 끊임없이 예수라는 생명의 원천을 찾아 지금 있는 자리를 떠나야 한다. 교회가 우상을 섬기지 않고, 하나님만을 추구하고자 한다면 이 방법밖에 없다. 교회가 오직 예수만을 구원자로 믿는다는 것도 이런 의미이다. 예수께서 가르치시고 보여 주신 길 외에는 아무 유익이 없으며 그 어디서도 생명을 얻지 못하며 진정한 삶을 살 수 없다는 믿음 때문에 끊임없이 예수로 돌아가고자 애쓰는 것이다.

물고기에게는 본능으로 주어진 믿음이 있다. 자신이 물 바깥에서는 결코 살 수 없으며, 물 안에서만 생명을 유지할 수 있다는 믿음이다. 그래서 물 바깥으로 튕겨 나간 물고기는 펄떡펄떡 물 안으로 다시 들어오려고 몸부림을 친다. 아무 일 없는 듯 바닥에 담담하게 누워 있는 물고기가 있다면 이미 죽은 것이 분명하다. 교회 역시 마찬가지다. 참된 교회는 예수라는 생명의 근원에서 멀어질 때 자신의 죽음을 직감하고 예수께 다시 돌아오려고 심한 몸부림을 친다. 그것이 살아 있는 교회의 표지이다.

교회로서 존재한다는 것은 결코 수월하거나 간단한 일이 아니다. '예수'의 길 외에는 어느 길에도 생명이 없다는 갈급함이 있는 교회만이 자신의 교회 됨을 유지할 수 있다. 그렇기에 교회의 비전은 목회의 성공이나 위대한 영향력이나 사역 확장 등 '위대한 교회'가 되는 것이 아니라 마지막 날까지 '진정한 교회'로 존재하는 것에 있다고 해도 과언이 아니다. '교회'라는 단어는 그만큼 중하고 어렵고 고귀한 것이다.

그토록 만만치 않은 일임에도 우리가 교회 됨을 포기하지 않으려는 이유가 무엇인가? 바로 여기에 참된 생명과 진정한 삶이 있기 때문이다. 예수 그리스도의 몸으로 사는 것보다 더 영광스럽고 멋지고 신나는 일은 찾아볼 수 없기 때문이다. 그것을 이미 맛본 사람이라면, 그리고 예수를 만난 교회라면 다시는 옛 삶으로 돌아가려 하지 않을 것이다. 그 생명을 누리고 진리 안에 거하기 위해서라면 어떠한 노력도, 어떠한 도전도 마다하지 않을 것이다.

14.
교회 안에서
시작되는
작은 교회

교회가 처한 위기와 그 심각성을 인식한 평신도는 이제 무엇을 해야 하는가?
교회 지도자들의 잘못을 지적하고 비판하며, 언젠가 그들의 각성으로 인해
교회가 새로워지기를 기다리는 것 외에 할 수 있는 일이 무엇일까?

지도자들이 변하지 않더라도

교회의 현 상황을 진단하고 문제점을 한참 이야기하고 나면 늘
따라오는 질문이 있다. "그럼 이제 어떻게 해야 하는가?" 교회 내에
서 이루어지는 중요한 결정들은 소수의 지도자들에 의해 이루어진
다. 올해 어떤 사역들을 펼칠지, 구역이나 셀을 어떻게 운영할지, 전
도를 어떻게 추진할지, 여름성경학교에 어떤 프로그램을 넣을지, 설
교의 주제를 무엇으로 삼을지 일반 성도들이 그 결정에 영향을 미
치기는 쉽지 않다. 많은 교회 문제들이 지도자들의 그릇된 태도에서
기인한다고 이 책에서도 줄곧 말해 왔다. 그렇기에 지도자들이 깨어
나고, 그들이 새롭고 정직한 눈으로 성경과 교회를 바라보기 전에는
교회 내에 근본적인 변화가 일어나기 어려워 보인다. 그래서 교회에

대한 많은 비판들은 늘 비슷한 결론, 즉 교회 지도자들이 달라져야 한다는 이야기로 흐르는 것 같다.

그러나 만일 그들이 좀처럼 변하지 않는다면? 그렇다면 교회는 새로워질 희망이 없는 것인가? 평신도들로서는 목회자들이 변할 때를 기다리는 것이 할 수 있는 일의 전부인가? 나는 그렇지 않다고 본다. 물론 담임 목회자들을 비롯한 지도자들의 각성은 교회 개혁에 가장 중요하고도 핵심적인 부분 중 하나이다. 그러나 교회의 회복과 관련해서 하나님께서 평신도에게 말씀하시는 바가 분명 있다고 믿는다. 그리고 그 역할은 결코 작은 것이 아니다. 이 마지막 장에서는 오늘과 같은 상황에서 평신도가 어떠한 방향으로 나아가야 할지 네 가지 주제로 이야기해 보고자 한다.

사랑으로 귀결되는 비판

과거에 비해 지금은 많이 나아졌지만 그래도 다른 문화권에 비하면 우리 사회는 여전히 '비판적인 시각'을 부정적으로 보는 듯하다. 특히 그 대상이 교회이거나 교회 지도자일 때는 더 그렇다. 교회가 추진하는 일이나 목회자의 특정 견해가 바람직한지 생각하거나 검토하려는 태도는 교회에서 환영받지 못한다. 그보다는 '의심하지 말고 믿으라', '무조건 순종하는 자가 복을 받는다'라는 가르침이 팽배해 있다. 의심은 곧 신앙적 불신으로 취급받으며, 비판적인 태도는 곧 교회를 대적하는 자세로 쉽게 오해된다.

그래서 교회가 잘못되어 가고 있다고 느끼는 사람들은 자신의 생각을 함께 나눌 사람이나 기회를 만나기 힘들다. 그들은 외롭다. 문제를 해결해 줄 사람은 차치하고라도 자신의 생각을 허심탄회하게 털어놓을 수 있는 사람만 있어도 그나마 숨통이 트일 텐데, 그런 사람을 찾기가 쉽지 않다. 내 경우도 그랬다.

예배와 여러 활동에서 답답함이 느껴지고 무언가 잘못되어 있다는 느낌이 들기 시작한 때는 대학 졸업 무렵이었던 것 같다. 예배를 드리면서 자주 눈물을 흘렸는데, 그것은 말씀이 은혜로워서가 아니었다. 하나님의 말씀이 보여 주는 세계와 실제 교회 사이의 깊은 이질감, 그 안타까움 때문이었다. 내가 느끼는 것을 누군가와 나누고 싶었지만 그런 상대를 찾기가 어려웠다. 조심스레 꺼낸 이야기에 "맞아. 그렇긴 해"라고 말하는 사람도 몇몇 있었지만 그 이상 심각하게 여기지는 않았다.

처음에는 교회를 잘못 선택했다는 결론을 내리고 좋은 교회에 가면 문제가 해결될 것이라고 기대했다. 그러나 교회가 바뀌어도 일부 문제는 해결되지만 또 다른 문제가 나타나는 것을 보았다. 대다수의 교회에 근본적이고 본질적인 문제가 내재되어 있다는 것을 조금씩 알게 되었다. 문제를 강하게 인식할수록 괴로움은 커져 갔다. 세상에 진리를 전해야 할 사명을 지닌 교회 안에서조차 진리를 만나고 나눌 수 없다는 사실에 속상하고 분통했다. 그럼에도 교회들은 아무런 문제 없다는 듯, 하나같이 자기 자랑만 하고 있으니 더 속이 쓰렸다. 이 마음을 속으로만 삭이고 있으려니 외로웠다.

교회와 신앙의 문제를 다루는 기독교 서적들도 있었다. 그러나 저자들이 너무나 안이하고 점잖게 이 문제들을 다룬다는 느낌이 들었다. "정신을 똑바로 차려야 한다. 별 생각 없이 교회가 말하는 것과 행하는 것을 믿고 따라가다가는 자칫 예수와 아무 관계없는 종교인이 될 가능성이 높다!" 누군가 큰 소리로 이 말을 해야 한다고 생각했는데 그런 말을 하는 사람이 좀처럼 보이지 않았다. 대다수 사람들은 현 교회 안에서도 은혜롭고 행복하게 신앙생활을 하고 있었다. 그들을 보면서 '내가 잘못 생각하는 건가? 내가 지나치게 민감한가? 나도 제대로 살지 못하면서 비판만 하는 사람이 되는 것은 아닐까?'라는 생각도 들었고, 그때마다 죄책감 비슷한 것이 나를 짓눌렀다.

"나의 이 비판은 정당하고, 올바른 것인가?" 이 질문을 붙들고 홀로 끙끙대며 수많은 시간을 보내다가, 어느 날 새로운 전환점을 맞이하게 되었다. 요한계시록 말씀을 읽을 때였다. 예수께서 에베소교회를 향해 이렇게 말씀하고 계셨다. "내가 네 행위와 수고와 네 인내를 알고 또 악한 자들을 용납하지 아니한 것과 자칭 사도라 하되 아닌 자들을 시험하여 그의 거짓된 것을 네가 드러낸 것과 또 네가 참고 내 이름을 위하여 견디고 게으르지 아니한 것을 아노라. 그러나 너를 책망할 것이 있나니 너의 처음 사랑을 버렸느니라. 그러므로 어디서 떨어졌는지를 생각하고 회개하여 처음 행위를 가지라 만일 그리하지 아니하고 회개하지 아니하면 내가 네게 가서 네 촛대를 그 자리에서 옮기리라. 오직 네게 이것이 있으니 네가 니골라 당의 행위를 미워하는도다. 나도 이것을 미워하노라"계 2:2-6.

에베소교회가 칭찬받은 부분이 눈에 띄었다. 칭찬의 내용은 사도라는 이름으로 거짓 행세를 하는 자들을 시험하여 그들의 정체를 밝혔다는 것이었다. 또 마지막 부분에서는, 잘못된 진리를 가르치는 니골라 당을 배척하고 받아들이지 않은 것에 대해 잘했다고 하시면서 자신의 마음도 그와 같다고 하셨다. 이는 내가 교회를 보며 계속 중얼거렸던 말, "이건 분명히 잘못된 거야. 그래도 그냥 넘어가는 게 옳을까. 아무리 봐도 잘못된 것 같은데 말야"에 대한 답변처럼 들렸다. "그래 맞다. 네 말대로 그건 분명 잘못된 거야. 계속 골머리를 앓을 필요 없어. 그건 잘못된 것이 확실하니까."

이 말씀은 내게 큰 위로와 자유를 주었다. 틀린 것은 틀린 것이다. 그리고 무엇이 잘못되었는지 분별해 내는 일도 잘한 일이다. 그것은 성도로서, 교회로서 반드시 해야 할 일이었던 것이다. 그러니 이제 옳으냐 그르냐를 저울질하느라 시간을 보낼 필요가 없어졌다. 대신 이 말씀은 다른 것에 집중할 것을 촉구했다. "그러나 너를 책망할 것이 있나니 너의 처음 사랑을 버렸느니라."

교회가 분명 잘못되었다는 확신이 들 때까지 결정적인 증거를 잡아내려는 나에게, 그것은 이미 충분하니 이제 처음의 열정과 사랑을 회복하라고 말씀하시는 것 같았다. 그랬다. 비록 생각만이더라도 교회의 시스템에 저항하고 정죄하는 일은 엄청난 기력을 소모하는 일이었다. 마치 재판장인 하나님 앞에서 교회를 고소하며 그 죄를 고발하는 검사가 되어 싸우는 것 같은 입장이었다. 감성보다는 이성을, 너그러움보다는 철저함을 추구하는 일이기에 그런 생각을 품는 동안 신경은 곤두서고 마음은 딱딱해지고 거칠어져 있었다. 하나님 안에서 누리는 풍성하고 밝고 부드러운 삶을 잃어버린 것이다. 그래서 에베소교회에 하신, 처음 사랑을 회복하라는 말씀을 곧 나를 향한 말씀으로 받아들일 수밖에 없었다.

그때부터 교회를 바라보는 시선과 교회 안에서의 행동이 새로운 방향으로 옮겨 가게 되었다. 재판에서 이길 수 있는 확실한 물증을 찾아내려고 노력하기보다는 이미 존재하는 죄와 허물을 인정하고, 이 상황에서 내가 어떻게 반응해야 할지 생각해 보는 것이었다. 그러자 교회에 대한 막연한 분노의 감정이 조금씩 줄어들고 사랑과 치유의 마음이 조금씩 생겨나기 시작했다. 분별과 비판은 중요하다. 우리는 우리에게 다가오는 모든 메시지를 분별하고 그것이 진리에 속한 것인지 아닌지 판단해야 할 책임이 있다. 길에서 갑자기 다가와 낯선 이야기를 전하는 사람들을 경계하고 주의해야 할 뿐만 아니라, 주일 설교나 신앙서적, 교회가 추진하는 모든 일들에 대해서도 주의를 기울여야 한다. 명망 있는 목사나 교회 일에 헌신적인 이들, 또 놀라운 기적을 행하는 사람이 내 앞에 있다 해도 그들의 말을 맹목적으로 따르는 것은 옳지 않다. '이 사람의 말을 따르지 않았다가 하나님으로부터 벌을 받거나 축복을 놓치면 어떻게 하지?' 많은 사람들에게 이런 불안감이 자리 잡고 있는 듯하다. 하지만 하나님은 자신의 자녀가 불안감에 이끌려 움직이는 것을 기뻐하시지 않는다. 그것은 하나님께서 우리를 다루시는 방법이 아니다. 하나님께서는 복을 놓칠까 봐 두려워 무조건 외치는 아멘보다, 무엇이 하나님의 뜻인지 알려고 애쓰는 신중한 태도를 더 기뻐하실 것이다.

주변 분위기에 떠밀려 자신이 알고 있고 믿고 있는 것과 상반된 말을 하거나, 다른 사람들과 똑같은 척 행동을 하는 것은 부끄러운 일이다. 본디오 빌라도의 실패를 떠올려 보라. 그가 '예수는 아무 잘못이 없다'는 양심의 소리를 뒤로하고 마지못해 유죄판결을 내리게 된 것은 백성들의 목소리와 눈초리에 굴복했기 때문이었다. 그는 진리 대신 안전을 선택했다. 우리 역시 눈에 보이지 않는 하나님과 진리를 외면하고 자신의 체면이나 지위, 주변 사람들의 요구에 더 무게를 두기 쉽다.

어떤 지도자들은 교회의 지도자나 교회의 권위에 도전하는 사람들이 구약성경에서 지도자들에게 반기를 들었다가 하나님께 징계를 받고 망하는 사람들과 같다고 적용한다. 목사는 '하나님이 세우신 종'이며, 따라서 목사에 대한 순종이 곧 하나님께 대한 순종과 같다고 하는 설교를 많이 듣게 된다. 이런 문제를 일일이 다 설명할 수는 없지만, 여기에는 잘못된 가르침이 많이 섞여 있다. 예를 들어, 성경은 교회 안에 하나님의 특별한 종과 일반 백성이 따로 존재한다고 말하지 않는다. 어떤 목사가 주의 종이라면 당신과 나도 주의 종이다. 만일 당신의 교회가 특정한 누구누구를 '하나님의 종'이라고 부르는 습관이 있다면, 당신도 주저 말고 스스로를 하나님의 종이라고 부르는 것이 좋다. 그것이 성경의 가르침이기 때문이다. 모세나 다윗을 현재의 목회자나 지도자의 직접적인 모델로 보는 것은 여러모로 위험하다. 그보다는 예수 그리스도를 예표하는 것에 훨씬 가깝다.

신약성경은 '당신의 지도자에게 절대 충성하라'는 권고를 하지 않는다. 왜냐하면 우리가 충성을 드려야 할 이는 단 한 분이기 때문이다. 대신 성경은 누군가가 자신이 하나님께서 보낸 사람이라고 주장하거나, 이것이 하나님의 뜻이라고 선포하면 그 말이 참으로 맞는지 확인하고 시험해 보라고 말한다. 사이비 종교의 가장 큰 특징 중 하나가 바로 지도자에 대한 맹목적 충성임을 기억하라. 그래서 예수께서는 제자들에게 몇 차례나 이런 취지의 말씀을 하신다. '정신을 똑바로 차려라. 기적이나 계시라고 하면서 다가오는 말들에 속지 말라. 어리석은 말에 현혹되지 말라.'

성도들은 교회와 지도자들의 가르침을 경청하되, 그것이 하나님의 뜻에 부합한 것인지 분별해야 한다. 만일 부합한다고 판단된다면 기꺼이 순종해야 하지만, 그 경우에도 우리의 순종 대상은 그 사람이나 단체가 아니라 그들을 통해 말씀하신 하나님이다. 예수 그리스도 외에는 어느 누구에게도 '절대적 신뢰'를 둘 수 없다. 우리가 진지하게 예수 그리스도를 따른다는 것은, 어떤 가르침을 함부로 받아들이거나 주변 상황에 쉽게 떠밀려 좌지우지하지 않는 것을 의미한다. 오늘날과 같이 영적으로 혼란하고 가르침이 난무한 시기에는 신중한 분별력이 더욱 요구된다. 하나님은 우리가 깨닫기를 원하신다. 그리고 진리와 거짓을 분별하기를 원하신다. 그리고 잘못된 가르침에 대해서 분명하게 아니라고 말하기를 원하신다.

비판적인 태도는 중요한 것이지만 그것만 강조될 경우에는 자칫 공동체 중심의 신앙에서 벗어나 개인 중심의 신앙으로 흐를 수 있다. "당신들은 제 신앙에 상관하지 마십시오"라고 말하면서 말이다. 또 자신의 생각에 갇혀 더 이상 남의 말을 경청하지 않고 냉소적인 태도를 갖게 되기 쉽다. 이를테면 "저는 당신과 생각이 다르니 더 이상 듣고 싶지 않습니다"라고 말하는 것이다. 한국의 기성세대의 신앙에는 맹목적인 측면이 강했다면, 새로운 세대들은 개인주의적이고 냉소적인 태도를 많이 지니게 된 것 같다. 그래서 비판적인 정신을 가진 젊은이들이 더더욱 '문제 많은' 공동체로부터 도피해 버리고 교회에 대한 관심을 접어 버릴까 우려된다.

건전한 비판이 무엇인지 되새겨 볼 필요가 있다. 비판을 하되 올바른 태도로 해야 한다. 비판이 제 역할을 하도록 만드는 힘은 사랑이다. 비판의 목적은 '상대방에게서 잘못된 점을 찾아내는 것'이 아니다. 비판은 나 자신은 물론, 내가 속한 공동체를 아끼고 사랑하는 마음에서 출발한다. 어떤 가르침이나 관습이 나와 성도들에게 어떤 영향을 미치고 있는지 관심을 기울이는 데서부터 시작된다는 말이다. 만일 어떤 이들이 잘못된 가르침 때문에 참 신앙에서 멀어지거나 정신적·육체적 고통을 당하고 있다면 그들을 회복시키기 위해 비판 정신을 사용해야 한다. 예를 들어, 교회 내의 일들을 무리하게 떠맡아서 가정을 소홀히 하는 사람들이 생겨날 때, 그들을 이런 상황으로 이끈 요인이 무엇인지 생각해 보고, 과연 하나님께서 무엇을 중요시 여기시는지 처음부터 재고해 보는 것을 말한다. 그래서 그들에게 다가가 균형을 회복하도록 도와주고 적절한 권면을 해주는 것이 비판이다. 올바른 비판은 그 누구라도 신앙과 헌신이라는 명분으로 형제자매들의 마음이나 몸, 돈이나 시간을 갈취하거나 압박하지 못하도록 서로를 지켜 주는 것을 포함한다.

또한 비판적 태도란 외부의 이야기에 심드렁해지거나 불신을 품은 채 귀를 절반쯤 닫고 지내는 것과 다르다. 올바른 비판은 그와 반대로 적극적으로 듣는 행위이다. 베뢰아 사람들과 같이 간절히 진리를 구하는 마음으로 귀를 쫑긋 세우며 과연 그것이 하나님의 말씀인가를 묻는 것을 말한다. 진리를 찾고 건지기 위해 진리가 아닌 것들을 분별하고 솎아 내는 것이다. 그러므로 비판은 버리고 배척하는 훈련이 아니라 경청하고 받아들이는 훈련을 의미한다. 교만은 '나는 이미 다 알고 있다'거나 '아무거나 대충 믿겠다'라고 말하지만, 겸손은 '하나님을 올바로 알고 싶다'라고 말한다. 결국, 진리를 알고자 하는 갈망과 지체들에 대한 사랑이 진정한 비판의 동기가 된다고 할 수 있다.

올바른 비판은, 옳고 그름에 대한 지적인 판단을 내리는 데 만족하지 않고 그에 따른 정당한 반응과 행동을 이끌어 낸다. 비판이 사랑에 기반을 두고 출발했다면 행동을 취할 때에도 역시 사랑의 원리를 따르게 될 것이 당연하다. 어떤 잘못과 오류를 드러내고 폭로해야 할 때에라도, 그러한 행동이 다른 사람들에게 어떤 영향을 미치고 결국 어떤 유익을 주게 될지 숙고하게 될 것이다. 성공적인 비판은 '옳은 소리'를 하는 데 그치지 않고 결국 사람을 살리고 도와, 그들을 온전하게 세우는 데 사용되어야 한다. 비판이 사랑을 목적으로 행해지지 않을 때, 단지 내부의 분노와 응어리를 해소하여 내 속을 시원하게 하는 데 그치거나 자신의 지식과 판단력의 우월함을 증명하는 데 사용되기 쉽다.

지도자의 문제는 우리의 문제이다

교회의 문제점들 가운데 상당수는 지도자들이 교회를 하나님께서 말씀하신 방향이 아닌, 자신들이 원하는 방향으로 이끌려고 했기 때문에 생겨났다고 앞에서 언급하였다. 그렇다면 이것은 자질이 부족한 사람이 지도자가 된 데서 기인하는 문제라고 정리할 수 있을까? 그 말이 맞다면 올바른 교회 지도자를 찾아 세우는 것이 교회 회복과 개혁의 첫째가는 행동 방침이 될 수 있다. 하지만 문제는 그리 단순해 보이지 않는다.

새로운 교회 지도자의 등장으로 많은 면에서 쇄신이 일어날 수 있지만 우리가 바라고 기다리던 그런 교회가 되리라는 보장은 없다. 몇 가지 문제들은 사라지지만 다른 문제들은 여전히 반복되거나 새로 생겨날 것이다. 다시 한 번 그 까닭을 묻는다면 현재의 지도자들이 갖고 있는 문제와 약점은 사실 모든 사람 안에서 발견되고 있기 때문이다. 지도자들을 통해 드러나는 허물과 오류는 인간이 어떤 존재인지 보여 주는 자화상과도 같다. 우리도, 나도 본질적으로 그와 다르지 않다. 교회가 안고 있는 문제들의 근원을 들여다볼수록, 그 비판의 방향이 결국 우리 자신을 향하고 있음을 알게 된다.

나의 경우도 그렇다. 교회의 어떤 문제가 나의 눈에 띈 이유는 내가 아무 문제 없는 깨끗한 사람이어서가 아니다. 내 안에 과거에도 존재했고 지금도 존재하는 문제이기 때문이다. 그럴싸한 교회의 말과 행동 뒤에 숨은 동기를 민감하게 알아차릴 수 있었던 것은 나 역시 그와 같은 동기로 비슷한 말과 행동을 해본 적이 있기 때문이다. 주위 사람들로부터는 칭찬받았지만 그릇된 동기에서 출발한 행동들이 나의 내면과 삶을 얼마나 깊은 어둠으로 몰아가는지 경험해 보았다. 그래서 교회를 움직이는 동기들 역시 간과해서는 안 된다고 확신하게 된 것이다.

나는 오래전부터 그룹 성경공부를 인도하거나 몇 사람의 영적 상태에 관심을 갖고 그들의 성장을 도와주려고 애써 왔다. 지금도 그와 비슷한 일을 계속하고 있다. 내가 돌보는 사람은 적게는 서너 명에서 많게는 열 명 내외였다. 말하자면 아주 작은 공동체를 돌보는 일이라고 할 수 있다. 그러나 어느 일 하나도 쉽지 않았다. 경험이 부족하기도 했지만 여러 함정들이 존재했기 때문이었다.

내가 시작하거나 참여한 대부분의 모임은 구성원들이 하나님의 복을 누리도록 도우려고 시작된 것이었다. 그 사람들을 돕는 것이 모임의 목적이었다. 그런데 시간이 흐르다 보면 어느덧 모임의 성공을 위해 그들을 필요로 하는 내 자신을 발견하게 되었다. '그 사람이 와서 자리를 채워 줘야 하는데.' 사람이 목적이 아니라 모임 자체가 목적이 되어 버리는 현상을 보게 되었다. 매번 스스로 모임을 평가할 때에도 그랬다. 그들이 오늘 어떤 하나님을 만났으며 하나님께서 오늘 그들을 어떻게 만지셨는가에 관심을 두어야 할 텐데, 어떤 때는 내가 그들 앞에 어떤 사람으로 비춰졌는가에 더 예민해지는 것이었다. 나의 썩 괜찮았던 조언과 영웅적인 행동을 뿌듯해하거나 나의 이미지를 망친 것 같은 말 한마디에 자책하고 괴로워하면서 말이다.

내 안에는 하나님을 의지하며 순수하게 도우려는 마음뿐 아니라, 나 자신이 영광을 받고 성취감을 얻고 싶은 마음이 공존하고 있었다. 그 두 마음의 싸움은 실제적이고 치열한 것이었다. 나를 사로잡으려 하는 이 두 번째 욕구는 이 책에서 내내 비판하고 있는 바로 그것과 다름없다. 교회 안에서 나타나는 대부분의 문제들은 역시 내 안에서도 공통적으로 발견되는 문제라고 고백할 수밖에 없다. 이런 갈등과 고민은 나만의 것이 아니라 주님의 이름으로 사람들을 돌보고 돕는 모든 지도자와 조직과 단체에 공존할 것이다.

그러므로 교회 회복은 몇몇 교회 지도자들에게 맡겨진 숙제가 아니라, 예수를 믿는 모든 이들에게 공통적으로 다가오는 도전임을 알게 된다. 온전함을 향해 나아가지 않고 제자리에 머물러 있으면서 지도자들의 잘못만 비판하는 것은 무의미하다. 그들이 실패하는 부분은 곧 우리도 실패하기 쉬운 부분이다. 그들을 넘어뜨리는 유혹은 언젠가 우리도 넘어뜨리려 할 것이기 때문이다.

교회의 목회자나, 장로나, 주방 봉사자나, 주일학교 선생이나 할 것 없이 그리스도인이라면 누구나 같은 싸움과 경주를 해야 할 상황에 놓여 있다. 우리는 매일 성령을 의지하여 신앙과 교회를 회복하는 일에 참여하든지, 그냥 옛 본성을 따라 살면서 상황이 흘러가는 대로 내버려 두든지 둘 중 하나를 선택하며 살게 된다. 그러므로 교회의 회복을 바라고 기다리는 자는, 교회 지도자들에게 일어나기 원하는 변화를 먼저 자신과 자신의 주변에서 시도하고 체험해야 할 것이다. 그러나 이는 결코 만만치 않은 일이다. 이 도전이 성공하기 위해서는 반드시 함께할 사람이 필요한데, 다음 이야기에서 그것을 말하고자 한다.

교회 안에서 시작되는 교회

영적 혼돈과 세속적인 비전으로 뒤엉킨 교회 가운데 있다 보면, 암울하고 답답한 마음이 찾아와 차라리 모든 것으로부터 떨어져 혼자이고 싶다는 생각이 든다. 실제로 우리 주변에는 그런 사람들이 적지 않다. 형식적으로나마 교회에는 소속을 두되 교회에 대해 이제는 더 이상 아무 기대를 갖지 않는다며 주일 예배에 한 번 참여하는 것으로만 교회와의 관계를 정리하는 이들이 꽤 있다. 최근엔 더 나아가 아예 교회에 소속되는 것조차 싫어하는 사람들이 생겨났다. 얼마 전에 '가나안 교인'이란 제목의 기사를 읽었는데, '가나안'은 교회에 '안 나가'를 거꾸로 쓴 이름이라고 한다. 그들은 내적으로는 기독교 신앙을 지키고 있지만 특정 교회에 소속되는 것을 거부한다.

앞에서 말한 것처럼, 내게도 그런 고독한 시절이 있었다. 매주 인사를 나누고, 성경공부에 참여하기도 하고, 형식적으로나마 기도제목을 주고받는 사람들은 있었지만 깊은 갈망과 소망을 나눌 수 있는 사람은 곁에 없었다. 간혹 아내에게만 그런 이야기를 조금씩 털어놓았을 뿐이었다. 형식적으로는 교회에 소속된 교인이지만 실질적으로는 교회 공동체 없이 홀로 신앙생활을 하고 있는 것과 다름없었다. 후에 돌아보니, 영적으로 견고하게 서서 나아가지 못하고 제자리걸음만 하며 세월을 보내 버린 이유가 바로 공동체의 부재 때문이었음을 알게 되었다.

우리의 영적 여정에 있어서 다른 성도들의 존재, 공동체의 역할은 절대적으로 중요하다. 어물쩍 적당히 살지 않고, 제대로 한 번 살아 보고 싶다는 열망이 강할수록 그 필요는 더 크게 다가온다. 우리에게는 무엇을 믿는지 서로 고백하고 나눌 대상이 필요하다. 눈앞에 놓인 급한 일들 처리에 바빠 더 크고 중한 것을 바라보지 못할 때, 우리에게 진리를 다시 말해 줄 사람이 필요하다. 보이지 않는 하나님보다 보이는 세상이 두려워 뻣뻣하게 얼어붙어 있을 때 어깨를 두

드리며 격려해 줄 사람이 필요하다. 내 일기장 한쪽에는 이런 말이 적혀 있다. "흐리멍텅한 정신으로 살고 있는 나, 졸면서 운전을 하는 것 같이 위험한 순간에 처해 있는 나, 이런 나를 꼬집어 깨워 줄 동역자가 필요하다!"

교회란 서로 가르치고 배움으로써 깨달음을 얻으며, 서로 격려하고 도와줌으로써 풍성한 삶으로 이끄는 공동체가 되어야 한다. 그러나 상당수의 사람들은 현재 자신이 속한 교회가 생명을 풍성하게 해주는 터전이 되지 못한다고 느끼고 있다. 그래서 '문제 많은' 교회를 한탄하며 한편으론 '이상적인' 교회를 그리워하는 성도들이 많다. 위에서 말한 '가나안' 성도들의 경우도 절반가량이 언젠가는 자신이 교회에 소속될 것이라고 기대하고 있었다. 이는 무소속 상태가 그들이 택한 임시적 방편일 뿐 바람직한 상태는 아니라고 인식한다는 의미이다. 가나안 교인이든, 소속 교회가 있는 교인이든 참된 공동체에 대한 갈망과 필요를 느끼고 있으나 현실적으론 그런 교회나 공동체를 찾기가 쉽지 않은 상황이다. 그렇다면 어떻게 현재의 영적 고립 문제를 해결할 수 있을까?

그러한 경우 몇몇 사람들과의 깊은 교제가 하나의 대안이 될 수 있다. 대부분의 교회는 적게는 수백, 많게는 수천이나 수만의 성도들을 꿈꾸지만 사실 진정한 도움을 주고받을 수 있는 공동체는 소수의 사람들로도 가능할 뿐 아니라, 더 적합하다. 처음에는 두세 사람만 있어도 충분할 것이다. 진지하게 예수를 믿고 예수를 따르고자 하는 사람들 두세 명이 마음을 모으고 삶을 서로 나눌 때 그들이 바로 다름 아닌 교회이다.

먼저는 소속된 교회 내의 성도들 가운데서 같은 열망을 가진 사람을 찾아볼 수 있을 것이다. 겉으로 보기에는 쉽게 눈에 띄지 않을지 모르지만, 적지 않은 사람들이 내적으로는 참된 진리와 친밀한 교제에 대한 갈망을 갖고 있다. 단지 그것을 표현하기 두려워하거나 자신의 필요를 표현할 방법을 알지 못하기 때문인 경우가 많다.

오랜 신앙의 연륜을 가졌거나 탄탄한 지식을 보유한 사람이면 더 좋겠지만 그것이 필수 요소는 아닐 것이다. 성경적 지식이나 체계적인 가르침이 필요하다고 생각된다면 적합한 책이나 온라인 강의로부터도 상당한 도움을 받을 수 있다. 더 중요한 것은 가난한 마음이라고 생각한다. 현재 얼마나 많이 알고 있느냐보다, 진리에 대한 갈급함이 있느냐가 더 중요한 것이다. 자신이 갖고 있는 지식과 걸어가고 있는 길에 대해 변함없는 확신을 가진 이들보다는, 어느 것이 참된 길인지 하나님 앞에서 끊임없이 묻고 부지런히 더듬는 이들이 더 좋은 동반자가 된다. 그런 가난한 이들은 많은 지식으로 견고하게 무장한 사람들 못지않게, 우리로 하여금 더 많은 것을 깨닫고 배우도록 이끌어 준다.

영적 동반자와 함께 정기적으로 혹은 비정기적으로 만남을 가질 수 있다. 함께 시간을 보내고 서로를 알아 가면서 삶의 고민과 기쁨, 마음 깊은 곳에 있는 이야기들을 나눈다. 이런 만남은 성경과 신앙만을 다루는 성경공부 모임과 다르지만, 그렇다고 연속극이나 맛집 이야기만 하는 만남도 아니다. 우리는 각자의 인생에서 '가장 중요하고 가장 실제적인 것'을 다루려고 애써야 한다. 예를 들어 자녀들의 교육 방향, 부부 사이의 갈등, 직장을 옮기는 문제, 인터넷 문화, 사회적 현안, 남북 관계 등을 이야기할 수 있다. 어떤 종류의 사안이든 의례적이거나 교과서적인 대답으로 얼버무리지 않고 실제로 적용 가능하면서도 가장 뛰어난 지혜(진정한 지혜는 당연히 적용 가능한 길을 제시한다)를 구하고자 애써야 한다. 그렇게 된다면 자연스레 모든 문제가 가치관과 철학, 믿음과 기도 그리고 하나님의 말씀과 연결된다. 우리는 모든 곳에서 하나님을 만나게 되며 그럴수록 더욱 그분을 구할 필요를 느끼게 될 것이다.

이런 진솔한 이야기가 가능하다면, 특정한 예배나 기도회 형식이 따로 필요치 않다. 말씀을 읽거나 기도를 하는 것도 정해진 시간에, 정해진 틀에 의해 하는 것보다는 때에 따라 주시는 감동에 의해, 필요에 의해 이루어지게 된다. 서로에 대한 이해가 넓어지고 깊은 나눔이 오가다 보면 우리는 그 안에서 실제적으로 교회를 경험하게 된다. 각자가 내놓는 의심이나 작은 믿음의 고백, 언뜻언뜻 내비치는 통찰과 한 마디의 위로는 기대치 못한 도움과 기쁨과 힘을 가져다준다. 거창한 예배 의식이나 교역자, 프로그램이 없이도 성령의 가르침과 영적 도전이 이루어지며, 하나님의 말씀이 우리 삶을 만지는 것을 깨닫게 된다. 하나님을 앙망하는 가운데 서로를 바라보며 상대방의 말을 경청하고 공감하며 다른 사람의 일을 내 일처럼 여기고 반응하는 가운데 자연스럽게 참된 예배와 가장 중요한 영적 훈련이 이루어진다. "아하, 이런 게 진정한 교회로구나." 우리는 설렘과 흥분을 시시때때로 경험하게 될 것이다.

하지만 항상 좋을 때만 있는 것이 아니다. 하나님의 임재와 도우심이 느껴지지 않고, 일상생활에서 믿음이 아무 힘을 발휘하지 못하는 것처럼 보이며, 함께하는 사람들이 더 이상 사랑스럽고 고귀하게 느껴지지 않는 때가 오기도 한다. 이런 경험이 바람직하다고 말할 수는 없어도 대부분의 공동체가 겪는 것이며 적어도 비정상이라고 여길 필요는 없는 것 같다. 때로 영적 무력감과 빈곤함이 찾아오는 것은 자연스러운 일이다. 우리가 여러 의식과 견고한 체계로 무장한 교회에 있는 동안에는 이런 내적 공허가 오더라도 크게 문제가 되지 않는다. 내면의 상황이 어떻든지 무시하고 외적으로는 그냥 늘 하던 대로 움직이면 되기 때문이다. 거기서는 내적인 공허와 맞닥뜨릴 필요가 없다. 그러나 정해진 의식과 체계가 거의 없는 소규모의 공동체에서는 상황이 다르다. 내면이 허해지고 궁핍해지면 우리는 나눌 것이 없어진다. 사람들만 밋밋하게 모여 있을 뿐 서로 줄 것도 없고, 받을 것도 없다. 사시사철 어떤 상황에 있든 '힘차고 확신 있게' 말씀을 전하고 우리가 달려갈 목표를 제시하는 슈퍼맨 같은 교역자가 거기는 없다. 또 모여서 의례적으로 하는 일이 따로 정해져 있지도 않다. 그래서 우리가 왜 모여 있는지 의구심이 들고, 이런 형태의 만남에 대해 회의가 생겨날 수 있다. 이것이 비제도적인 공동체가 갖는 약점이자 궁극적인 강점이라고 나는 믿는다. 내면의 힘 또는 성령의 도우심, 즉 위로부터 오는 마음 없이는 아무것도 할 수 없는 공동체야말로 하나님을 앙망하도록 만들기 때문이다. 진정한 공동체는 우리를 풍성하게 만들기도 하지만, 우리가 얼마나 가난하고 초라한지 깨닫게 만들기도 하는 것이다. 내적으로 무력해진 공동체는 서로에게 실망하고 해체되든지, 다시금 잠잠히 하나님을 의지하든지 결단하도록 촉구함으로써 우리의 믿음을 시험한다. 그리고 그런 시험들을 통해 우리들은 성장한다.

　주위의 성도들과 만남을 갖고 영적 공동체를 이루라는 권면은 새로운 이야기가 아니다. 사도신경을 외울 때마다 고백하는 '성도의 교제를 믿으며'를 다시금 강조한 것에 불과하다. 예수 그리스도를 믿는 성도들이 만났을 때 서로를 같은 몸으로 인식하고 상대방의 존재를 기뻐함과 동시에 책임을 느끼며 다양한 방식으로 도움을 주고받기를 애쓰는 것은 성도의 당연한 의무이자 권리이다. 예수께 속한 사람들이라면 교회 소속을 불문하고, 나이와 교회 직책과 관계없이 그래야 한다. 그러나 현대의 제도적 교회 안에서는 성도 간에 주고받는 영향력이 무시되거나 약화되어 왔고 대신 목회자와 성도 사이의 일방적인 흐름만이 강조되어 왔다. 성도 간의 교제는 신앙의 본질과는 거의 무관하게 단순히 친해지는 것을 의미하거나, 주어진 교회 사역을 잘 해내기 위한 윤활유에 불과한 듯이 이야기된다.

　그러나 성도 간의 관계와 교제는 공적 예배나 기도 못지않게 영적이고 본질적인 것이며, 예수 그리스도를 따르는 영적 삶을 위한 중요한 발판이자 근거가 된다. 교회란 바로 이 성도 간의 유기적 관계를 지칭하는 말이다. 이 관계를 무시하고서는 '교회'에 대해 아무것도 말할 수 없으며, 이 관계를 되살리지 않고서는 진리를 삶으로 살아 낼 방도가 없다. 성도들끼리 모여서 깊은 나눔을 갖고 영적 도움을 주고받으라는 제안에 정색을 하며 반대할 교회 지도자들도 있을 것이다. 교회의 통제권을 벗어난 조직이 생겨날까 두려울 수 있으며, 특히 요즈음 이단이 기존의 성도들을 자신들 쪽으로 끌어들일 때 이런 방식을 취하기 때문이다. 그러나 이는 반대로도 생각해 볼 수 있는 일이다. 기성 교회가 진지하고 내실 있는 교제를 나눌 환경을 마련해 주지 않기 때문에 성도들이 이단에 더 쉽게 빠져드는 것은 아닌가 말이다. 교회는 비제도적 교제를 차단하려고 애쓰기보다는 오히려 적극 권유하고 장려해야 한다. 건전하지 못한 모임이 생겨나는 것이 우려된다면, 교제가 이루어지는 방식이나 교제 내용에 대해 최소한의 보고를 하는 체제를 마련함으로써 상당 부분 방지할 수 있을 것이다.

상당수의 교회들은 셀이나 가정 교회 등 소규모의 교제에 적합한 조직을 운영하고 있어 앞에서 말한 '교회 내의 작은 교회'가 이미 존재한다고 볼 수 있다. 하지만 소수의 경우를 제외하고는 교회가 이들 조직에 대해 지나친 통제나 불필요한 요구를 하고 있는 듯하다. 이들 조직들은 하나님의 부르심에 자유롭게 반응하여 만남을 갖기보다는 교회에서 정한 '의무', 즉 셀 예배의 의무, 교회 봉사의 의무, 심지어는 헌금의 의무를 수행하기 위해 모인다는 인상을 지우기 힘들다. 또 어떤 교회는 단지 성도들을 효과적으로 관리하고 통제하기 위한 단위로서 조직을 운영하는 듯 보이기도 한다. 봉사나 사역을 맡기기 위한 단위로서, 성도들의 교회 출석 여부를 점검하기 위한 방편으로서, 또 전도를 효과적으로 하기 위한 전략의 하나로 여기는 것이다. 이런 소규모의 조직이나 교제를 '교회 발전과 부흥'을 위한 부속품으로 여기는 한, 예수를 배우고 따르는 진정한 공동체로서 기능할 수 있으리라 기대하기는 어렵다. 교회의 지도부는 이 작은 모임들로 하여금 자신의 지시를 따르라고 말하는 대신, 예수 그리스도를 머리로 삼아 그분을 따르라고 권유해야 하며 각 공동체가 하나의 진정한 교회로 서가는 데 적극적인 지원과 후원을 해주어야 한다.

이와 같은 공동체는 같은 지역 교회 안에서 이루어지는 것이 가장 바람직하겠지만, 그것이 어렵다면 다른 지역 교회에 속해 있거나, 지리적으로 멀리 떨어진 사람들로 구성될 수도 있다. 그것마저도 어려운 사람들은 온라인상의 교제를 생각해 볼 수 있다. 관심을 갖고 들여다보면 건전한 교제가 이루어지고 있는 신앙 카페들을 몇 군데 만날 수 있다. 그곳을 방문해 보면 나와 비슷한 고민을 하고 있는 이들이 적지 않다는 사실에 위로를 받게 될 것이다. 그리고 같은 상황을 두고도 상당히 다른 각도에서 해석하고 바라보는 이들이 있다는 것에 두 번째로 놀랄 것이다. 그곳에서 이루어지는 이야기들을 모두 그대로 받아들일 수는 없겠지만, 그럼에도 많은 유익이 있다. 각자가 가진 제한된 경험과 생각의 폭을 넓혀 주고, 하나님의 뜻을 알아 가고 추구하는 데 적잖은 도움을 받을 수 있다.

교회 내의 교회 혹은 작은 공동체라고 부를 수 있는 이 관계를 통해 얻는 유익 중 하나는 기성 교회를 비판만 하는 대신, 교회로서의 실질적인 삶을 살아가도록 이끈다는 점이다. 교회는 이러이러해야 하고 지도자는 어떠해야 한다고 말해 온 사람들에게 이제 그것을 시험해 볼 장이 마련되는 것이다. 진정한 교회는 무엇을 위해 모이고, 하나님의 말씀을 어떻게 읽고 받아들이며, 진정한 교회는 어떻게 살며 어디에 에너지를 쏟는지 직접 행동하고 보여 주어야 할 시점에 이르는 것이다. 교회가 가난한 자들에게 관심을 보여야 한다고 믿었던 사람들은 그 공동체 안에서 가난한 사람들을 도울 행동을 구상해 볼 수 있다. 교회 지도자들이 섬기지 않고 섬김을 받으려고만 한다고 불평했던 사람들은 이제 다른 사람들을 섬기는 본을 보여 주면 된다. 또 기성 교회의 전도 방식이 옳지 않다고 생각했다면 세상 사람들에게 다가가는 새로운 접근을 시도할 수 있다.

작은 공동체를 경험해 보면 기성 교회에 있었던 문제가 그 안에서도 똑같이 반복되기가 얼마나 쉬운지를 깨닫게 된다. 분명한 목적 없이 세월을 헛되이 보내거나 흥미 위주로 사람들의 관심이 흘러갈 때가 있는가 하면, 거기에 제동을 걸고 근신하고자 하는 순간 지나치게 형식과 규제가 강조되어 율법주의로 흐를 소지가 있다. 또 성도들 간의 친교와 우리들의 관심에만 치우쳐 바깥 세상에 대해 무감각해지고 우리만을 위한 모임으로 변색되기도 하고 반대로 구제나 사회 문제 등 세상을 향한 사역에 중심을 두다 보면 자칫 내적인 능력이 고갈되어 탈진해 버리거나 서로에 대해 소원해지는 순간을 맞기도 한다. 이러한 이유 때문에 예수 공동체를 경험하고자 애쓰는 사람들은 교회로 산다는 것이 무엇을 의미하는가에 대해 계속 숙고할 수밖에 없다. 기독 신앙의 오랜 전통이 보여 주는 깊은 사색과 철저한 훈련과 진지한 성찰의 무게가 괜한 것이 아니었음을, 오늘날 우리에게도 절실히 필요한 것임을 깨닫는다. 또한 예수를 믿고 교회로서 존재하는 것이 평생토록 걸어도 정점에 이르지 못하는 정교하고 위대한 작업이라는 것을 어렴풋이 느끼게 되는 것 같다.

그러나 참된 교회를 시도하는 가운데 겪게 되는 고민과 반성에도 불구하고 완전히 낙담하거나 절망에 빠지지 않는다. 불완전한 우리 가운데 여전히 복음의 능력이 살아 있으며 여전히 하나님의 자비로운 나라가 우리를 감싸고 있기 때문이다. 하나님 나라 안에서 누리는 기쁨과 환희는 우리의 불완전함과 실망스런 사건들에도 불구하고 여전히 우리를 교회라는 단일한 몸으로 유지시키는 힘이며 원천이 된다.

은사로 교회를 세워라

고린도전서 12장에서 바울은 교회 안에 존재하는 다양한 은사를 언급한다. 각자가 하나님께로부터 받은 은사로 다른 사람들을 섬길 때 그 교회가 온전해진다고 말한다. 마치 우리에게 손과 발, 눈과 코처럼 다른 신체부위(지체)가 있고 이들의 협력으로 우리의 몸이 정상적인 활동을 하듯이 교회라는 그리스도의 몸도 각 사람이 자신에게 맡겨진 역할을 담당함으로써 균형 잡히고 건강한 교회가 된다. 이것은 매우 중요한 가르침이다. 만일 어떤 교회가 목회자 중심의 비전과 노력에 의존하여 움직이고 있다면 이는 성경이 말하는 교회의 모습과 거리가 있다. 이 비유에 따르면 모든 성도들은 서로를 섬기며, 서로 도움을 주고받는 형태를 이루어야 한다. 달리 말해서 모든 사람이 교회를 세우고 유지하고 이끄는 사역에 어떤 형태로든 참여해야 한다. 모든 성도들은 자신에게 주어진 은사가 무엇인지 숙고해보고 그 은사를 사용해서 교회를 세우는 데 참여할 권리와 의무가 있다.

자신의 은사 발견에 도움을 주는 방법으로 '은사 테스트'가 있다. 여러 질문에 답을 하면서 가장 두드러진 은사를 찾는 비교적 간단한 검사법이다. 이런 테스트 결과를 전적으로 신뢰할 수는 없겠으나, 은사라는 말이 막연하게 느껴지는 사람들에게는 적어도 어느 정도의 지침은 줄 수 있을 것이다.

대학 시절에 한두 번 은사 테스트를 해본 뒤, 10년 이상이 지나 다시 테스트를 할 기회가 있었다. 내게는 지식, 예언, 가르침 등이 주요 은사로 판별되었다. 과거에 했던 테스트와 대동소이한 결과였기에 별다른 감흥은 없었으나 퍼뜩 이런 깨달음이 왔다. 그동안 내가 여러 교회를 보며 안타까움을 느끼고, 답답해하던 부분이 바로 그 은사와 관련되어 있었던 것이다. '왜 사람들은 하나님이 어떤 분이신지에 대해 깊이 숙고하지 않는 걸까?' '왜 사람들은 성경을 아무 기대감도 없이 무심하게 읽어 갈까?' '왜 교회는 이토록 중요하고 아름다운 진리들은 놔두고 주변 이야기들만 가르치는 것일까?' 나의 이런 탄식은 마치 우리 교회에 지식, 예언, 가르침의 은사가 부족함을 한탄하고 있는 것과 다름없었다. 그런 불평을 하고 있는 나에게 하나님께서 이렇게 말씀하시는 것 같았다. "그래서 내가 네게 이 은사를 주지 않았느냐? 그 은사로 사람들을 돕고 가르치라고 말이다."

예배당 뒤에서 팔짱을 끼고 앉아 '이 교회는 이런 게 부족하구나', '이래서는 안 되지'라고 진단하고 평가하는 것이 나의 일이 아니었다. 그것이 은사의 궁극적인 목적이 아님은 분명했다. 약하고 부족하다고 생각되는 영역에 들어가 작은 일이라도 감당하고 성도들에게 실제적인 도움을 주는 것이 은사의 목적이었다. 이때 든 생각을 아내에게 말했더니 맞는 말이라고 큰 소리로 맞장구를 쳐주었다. 그래서 교회의 회복과 관련하여 수동적이고 관조적인 자세에서 보다 적극적인 자세로 돌아서기로 했다. 먼저는 내가 깨닫고 확신하는 것들을 글로 정리해 보았다. 내가 무엇을 믿고, 무엇을 추구하는지 스스로 확인하기 위해서였다. 노트와 블로그에 글을 적는 습관을 들였다. 쓴 글의 일부는 교회 내에 공개하기도 하고, 기독 카페에도 올리면서 다른 사람들과 생각을 주고받기 시작했다. 예전엔 '이런다고 달라질 게 뭐가 있겠어?'라는 자세를 취했지만, 불평만 하는 것보다는 더 나은 일이라는 확신이 들었다. 또 교회 안에서 다른 사람을 가르칠 기회가 주어질 때, 짐짓 겸손한 척 사양하기보다는 그런 기회들을 감사히 받아들이고 밤을 새워 가며 최선을 다했다. 반면 나의 은사와 잘 맞지 않는 일들이 다가올 때는 조금 욕심이 나더라도 거절하고 뒤로 물러났다. '내게 주신 일'에 집중하기 위해서였다.

이런 시도는 적잖은 변화들을 가져왔다. 아무런 결과나 열매가 보이지 않을 때가 더 많긴 했지만 나의 말과 글에 공감하기도 하고, 도움을 받는 사람들을 보게 되었다. 놀랍고 기뻤다. 사람들에게 필요한 것은 '정죄'나 '지적'이 아니라 '도움'이라는 너무나도 기본적인 원리를 조금씩 이해하게 되었다. 맘이 삐뚤어져서가 아니라 제대로 가르침을 받지 못했기에 치우친 삶을 살고 있는 이들도 많았다. 내가 비판하고 미워했던 그들은 나쁜 사람들이 아니라 가엾은 사람들이었다. 그들은 진리를 말해 주고 하나님의 사랑을 나타내 줄 사람들을 필요로 하고 있었다.

교회에 부족한 측면들이 눈에 뜨일 때마다, 그것은 단지 비판의 대상이 아니라 나의 헌신을 촉구하는 부분으로 다가오게 되었다. 그렇게 보면 할 일이 너무나 많다. 이런 실제적인 일들을 하게 되면서 더 겸손해지는 면도 없지 않았다. 다른 사람이 하고 있는 일에서 쉽게 결점을 찾아내었던 터라, 내가 직접 하면 잘할 것 같았는데 막상 해보니 그렇지도 않았다. '훈수 두기는 쉽다'는 말이 괜한 말이 아니었다. 그래서 다른 사람들의 겉모습을 보고 잘못된 부분만 집어내기보다는 그들이 겪는 고충과 보이지 않는 수고와 땀에 대해 어느 정도 이해하게 되었다.

한편으론 다른 은사들의 소중함을 알게 되었다. 이전에는 내가 가진 은사, 즉 말씀을 깨닫고 가르치는 것이 가장 핵심적인 것이고, 다른 은사들은 비교적 덜 중요하고 부수적인 것이라는 생각이 은연중에 자리 잡고 있었다. 그리고 말씀을 통해 몇 사람을 하나님 앞에서 세워 가는 일이라면 나 혼자서도 꽤 해낼 수 있으리라 예상했다. 그러나 결과는 그렇지 않았다. 나는 오랜 기간에 걸쳐 무수한 실패를 경험했는데, 그 실패들은 '나의 재능이 아닌 하나님을 의지해야 한다'는 고전적인 교훈 외에도 또 다른 것을 가르치고 있었다. 혼자서 할 수 있는 일은 극히 제한적이라는 것이었다.

다른 사람에게 친절을 베풀고, 격의 없이 다가가 말동무가 되어주고, 격려의 말을 해주는 사람들의 존재는 얼마나 중요한가! 어려움에 처해 있는 사람을 위해 꾸준히 기도해 주며 위로하는 사람들도 마찬가지다. 그런 사람들이 없는 공동체와 모임은 물기 없는 밀가루와 같이 건조하며, 작은 흔들림으로도 금세 와해되고 말았다. 나 자신이 그런 역할까지 해보려고 노력했고, 지금도 노력하지만 그런 은사를 지닌 사람을 대신할 수는 없는 것 같다. 다른 이들을 대접하고, 돌아보고, 따뜻한 말을 건네는 은사들은 결코 가볍거나 보조적인 것이 아니었던 것이다. 모든 은사는 귀하고 소중하다. 발바닥만큼 크든 발톱처럼 작든 관계없이, 팔처럼 튀어나와 있는 것이든 내장처럼 몸 안에 감춰진 것이든 관계없이 몸의 모든 기관이 소중하고 필수적이듯 말이다. 하나님께서는 교회를 위해 소수의 인물들에게 놀라운 카리스마와 능력을 주시는 대신, 모든 성도들에게 다양한 은사를 골고루 나눠 주는 쪽을 택하셨다. 그래서 서로를 필요로 하며 서로의 도움을 받아야 살 수 있는 존재가 되었다. 이는 교회가 가진 놀라운 특징이다.

이 책을 집어 들고, 재미도 없고 미숙한 글을 여기까지 읽어 온 독자라면, 분명 그동안 교회에 대해 여러 고민을 해왔고, 마음고생을 해온 사람일 것이라고 짐작한다. 교회가 이대로는 안 된다고 생각해 왔고, 더 온전한 교회를 보고자 하는 열망을 가진 사람일 것이다. 그와 동시에, 교회 내의 다른 사람들이 당신과 달리 너무나 무감각해 보인다는 사실 때문에 속상하거나 답답함을 느꼈을지도 모른다. 내가 그랬듯 지금 이런 상황에까지 이른 교회를 놔두고, 어디서 무엇을 하고 계시냐고 하나님께 묻고 있는지도 모른다.

만일 그렇다면, 당신에게도 역시 하나님께서 주신 독특한 은사가 있다고 볼 수 있다. 당신에게 있는 그 영적 예민함은 모두에게 있는 것이 아니다. 당신이 보는 것을 그들이 보지 못한다고, 당신이 생각하는 것을 그들은 생각하지 못한다고 불평할 필요가 없다. 문제의 핵심을 인식하고 그것 때문에 아픔을 느낄 수 있는 감각은 하나님께서 교회를 위해 당신에게 주신 특별한 선물이요 은사이기 때문이다. 그 마음으로 슬퍼하고, 그 눈으로 교회를 바라보며, 그 소망으로 기도하며, 그 손으로 일하라고 말이다.

그러므로 교회의 모습 가운데 당신의 마음을 특별히 아프게 한 부분이 무엇이었는지 생각해 보는 것이 좋을 것 같다. 만일 가난한 자들을 홀대하는 교회의 태도에 분노를 느꼈다면 당신에게는 긍휼의 은사, 곧 약하고 가난한 자를 돌보는 은사가 있는지 모른다. 손이 필요한 일이 생겼는데 모두들 무관심한 채 자기 일만 챙기는 모습에 속상하다면 당신에게 봉사의 은사가 있는 것인지도 모른다. 당신의 마음을 움직이고 불편하게 만드는 영역이 바로 당신에게 있는 은사를 사용해야 할 영역이다. 하나님께서는 지도자급의 인물이 아닌 바로 당신처럼 평범한 사람을 사용해서 교회를 개혁하고 회복하고자 하실지 모른다. 그리고 교회의 다른 성도들 역시 독특한 은사를 가진 당신을 필요로 한다. 당신이 그 역할을 담당하지 않는다면 교회는 그만큼 불구가 된다.

이제 우리 차례다

평신도가 교회 회복을 위해 취할 수 있는 태도를 정리해 본다.

첫째, 자신이 속한 교회의 방침과 가르침을 무분별하게 수용하는 것은 바람직하지 않다. 교회와 교회의 가르침에 대한 비판은 정당한 것이다. 하지만 이 비판이 올바른 열매를 맺기 위해서는 '사랑'에 근거를 두어야 한다. 비판은 형제자매에 대한 사랑의 동기로 시작되어야 하며, 결국 그들에게 유익을 주는 결과를 낳는 방향으로 사용되어야 한다.

둘째, 정직한 비판은 우리 자신의 모습을 보게 만들며 교회 회복이라는 거대한 과제를 우리의 어깨에도 동일하게 얹어 놓는다. 그러므로 교회에서 일어나는 모든 잘못과 허물이 곧 나와 우리 안에서도 존재할 수 있음을 깨닫고 자신의 삶을 먼저 개혁하기 시작해야 한다.

셋째, 소속된 교회가 공동체로서의 제 역할을 담당하지 못하더라도 몇 사람과의 깊은 교제를 통해 진정한 교회를 경험할 수 있으며 마땅히 그래야 한다. 이 작은 교회 안에서 우리가 예수 믿는 자로서 살아가는 데 필요한 실질적인 도움을 주고받을 수 있으며, 교회란 무엇이며 어떠해야 하는가에 대해 살아 있는 지식을 얻을 수 있다.

마지막으로 우리에겐 하나님께서 주신 은사가 있으며 다른 성도들을 돕기 위해 그 은사를 적극적으로 사용해야 한다. 교회를 비판만 하면서 자신의 은사를 묵히는 것은 있을 수 없는 일이다. 교회는 훌륭한 몇몇 지도자가 아니라, 다양한 은사를 지닌 다양한 사람들의 크고 작은 활동에 의해 교정되며 힘 있고 올바르게 세워진다.

2천 년 전 갈릴리에서 살았던 예수의 이야기가 여기, 우리에게까지 전해졌다. 십자가 처형을 당했던 죄수, 그가 정말 하나님의 아들이었을까? 그가 말한 대로 과연 우리에게 진정한 생명을 가져다줄 수 있을까? 그의 가르침은 21세기를 사는 우리에게도 참되고, 유효한 진리인가? 그를 보내셨던 하나님은 지금도 이 세상을 돌보고 계신가? 교회는 이 질문에 대답하며 오늘을 산다. 교회는 신조나 의식으로 고백할 뿐 아니라, 매일의 삶으로 이 질문에 답을 해야 한다.

교회의 삶은 곧 세상을 향한 메시지가 된다. 교회가 이 복음을 어떻게 살아 내느냐에 따라 우리는 전혀 다른 메시지를 전하게 된다. 예수 그리스도의 복음이 한물간 이야기로 퇴색될 수도, 단지 우리가 추앙하는 이상에만 머물 수 있다. 더 심하게는 인간의 탐욕을 고상하게 추구하는 껍데기에 불과한 것처럼 보일 수도 있다. 하지만 하나님이 참으로 살아 계시고 우리가 그분을 온전히 의지하게 된다면 복음은 혼돈에 빠진 이 세상을 구원하고 회복하는 살아 있는 진리로 나타날 수 있다. 세상은 교회의 존재와 삶을 통해 그들 가운데와 계시는 임마누엘의 하나님을 보게 될 것이다. 이제는 우리 세대, 곧 당신과 나에게 이 진리를 믿고, 삶으로 체험하고, 증거하라는 막중한 임무가 넘겨졌다.

성도 여러분,
안녕들하십니까
The Crisis of Korean Church,
Awakening Laymen

2015. 4. 20. 초판 발행
2015. 5. 27. 2쇄 발행

지은이 황인각
펴낸이 정애주
국효숙 김기민 김의연 김준표 박세정 박혜민
송승호 염보미 오민택 오형탁 윤진숙 임승철
정한나 조주영 차길환 한미영

펴낸곳 주식회사 홍성사
등록번호 제1-449호 1977. 8. 1.
주소 (121-885) 서울시 마포구 양화진4길 3
전화 02) 333-5161
팩스 02) 333-5165
홈페이지 www.hsbooks.com
이메일 hsbooks@hsbooks.com
트위터 twitter.com/hongsungsa
페이스북 facebook.com/hongsungsa
양화진책방 02) 333-5163

ⓒ 황인각, 2015

• 잘못된 책은 바꿔 드립니다.
• 책값은 뒤표지에 있습니다.

ISBN 978-89-365-1088-6 (03230)